LA SUCESIÓN 2024

D1569348

JORGE ZEPEDA PATTERSON

LA SUCESIÓN 2024

DESPUÉS DE AMLO, ¿QUIÉN?

 Planeta

© 2023, Jorge Zepeda Patterson

Derechos reservados

© 2023, Editorial Planeta Mexicana, S.A. de C.V.
Bajo el sello editorial PLANETA M.R.
Avenida Presidente Masarik núm. 111,
Piso 2, Polanco V Sección, Miguel Hidalgo
C.P. 11560, Ciudad de México
www.planetadelibros.com.mx

Diseño de interiores: Moisés Arroyo

Primera edición en formato epub: mayo de 2023
ISBN: 978-607-39-0017-1

Primera edición impresa en México: mayo de 2023
ISBN: 978-607-39-0011-9

Impreso en los talleres de Litográfica Ingramex, S.A. de C.V.
Centeno núm. 162-1, colonia Granjas Esmeralda, Ciudad de México
Impreso y hecho en México – *Printed and made in Mexico*

ÍNDICE

ÍNDICE

INTRODUCCIÓN

Este libro ha sido escrito con el propósito de ofrecer una mirada detallada a un proceso de sucesión que es inédito en nuestro país. Por distintos motivos, muchas de las convenciones y usos y costumbres de la política nacional en materia de elecciones presidenciales se están haciendo trizas durante el gobierno de la llamada Cuarta Transformación (4T). Eso obliga a modificar los criterios de análisis e interpretación.

Primero, porque se violentó el viejo criterio que llevaba a los presidentes del país a retrasar lo más posible el destape de candidatos. Andrés Manuel López Obrador decidió lanzar a la arena pública a los precandidatos de su partido justo a la mitad del sexenio, por lo menos un año y medio antes de lo que aconsejaban los clásicos. Lejos de someterlos a las viejas consignas del tipo «el que se mueve no sale en la foto», que tenían como propósito evitar cargadas anticipadas y el debilitamiento del presidente en funciones, el actual mandatario empujó a sus «corcholatas» a los tablados y los puso a competir dos años antes de tener que decidir por uno de ellos. Aquí se revisarán los verdaderos motivos y qué implicaciones podrían tener.

Segundo, porque la sucesión de 2024 forma parte de un engranaje mucho más vasto: la necesidad de construir un horizonte transexenal para el proyecto político, económico y social del obradorismo. El presidente asumió que la llamada Cuarta Transformación requería de un periodo mucho más prolonga-

7

do que un sexenio, y ha actuado en consecuencia para conseguirlo. A lo largo de su gestión operó no sólo como presidente en funciones, sino también como candidato en campaña para asegurar el triunfo de su sucesor. Lo seguirá haciendo hasta entregar la banda presidencial. Explicar esta estrategia es el propósito del capítulo 2.

Tercero, porque en más de 30 años ninguna fuerza política había tenido la abrumadora ventaja que el Movimiento de Regeneración Nacional (Morena) y sus candidatos exhiben frente a la oposición. Las encuestas de intención de voto, la aprobación de la que goza el presidente, el estado catatónico del Partido Revolucionario Institucional (PRI) y del Partido Acción Nacional (PAN), la debilidad de los posibles candidatos para la alternancia, las gubernaturas en manos del partido oficial y el rosario de triunfos regionales de Morena anticipan una victoria del obradorismo el 2 de junio de 2024. Sorpresas e imponderables pueden existir, desde luego. Pero el análisis debe surgir de los datos y las tendencias, y estas son categóricas.

Cuarto, por lo anterior, todo indica que la verdadera contienda por la silla presidencial tendrá lugar no en la jornada electoral sino siete meses antes, cuando Morena defina a su candidato. Las consecuencias son enormes. De no cambiar las inercias que hoy observamos, la movilización de millones de ciudadanos, la instalación de decenas de miles de casillas, la jornada extraordinaria que paraliza al país cada seis años, tendrán en esta ocasión un carácter jurídico importante, sí, pero esencialmente legitimador de lo que se habría decidido en una encuesta en noviembre del año anterior. En plata pura, la elección de la persona que gobernará el destino de los mexicanos otros seis años resultará de un sondeo aplicado por tres empresas encuestadoras.

Los ejercicios para conocer la intención de voto revelan que la verdadera disputa se reduce a dos candidatos: Claudia Sheinbaum y Marcelo Ebrard. Con enorme distancia, son los punteros en toda indagación entre los aspirantes, sean del partido oficial o de la oposición. Esa tendencia ha sido constante a lo largo del último año y medio, y no hay a la vista elementos que lleven a considerar un cambio de aquí a noviembre próximo. ¿Quiénes son estos dos personajes? ¿De qué están hechos? ¿Cuál es su trayectoria? ¿Cuáles son sus fortalezas y debilidades? Buena parte de esas preguntas se intentan responder en los perfiles políticos de Sheinbaum y Ebrard aquí presentados. Se incluye también el del llamado «caballo negro», Adán Augusto López, un tercero en la discordia, aunque aún distante.

En el capítulo 6 se pasa revista a la pregunta que todo interesado en la sucesión comienza a hacerse: ¿será López Obrador, como afirman sus críticos, quien decida la nominación en Morena, o serán los ciudadanos a partir de una encuesta abierta, como asegura el presidente?

Ahora bien, si hay dos contendientes en la disputa, habría que partir del hecho de que, al momento de cerrar esta edición, la foto de la carrera favorece a Claudia Sheinbaum. No sólo es considerada la favorita del presidente, es también la puntera en las actuales encuestas de intención de voto. Sea por vía de sondeo o en una jornada electoral, habría que asumir que si hoy fueran las elecciones, la jefa de Gobierno se convertiría en la primera presidenta del país. ¿Qué variables podrían incidir para que este escenario se confirme o se modifique en los próximos meses? O, dicho de otra manera, ¿de qué depende que uno u otro gane? ¿Qué imponderables podrían afectar a la puntera?, ¿qué alternativas tiene Marcelo Ebrard para modificar este panorama? Los capítulos 7 y 8 abordan los distintos escenarios sobre estos temas.

Finalmente, se ofrece un capítulo de política ficción. ¿Cómo sería la presidencia de Claudia Sheinbaum? ¿Cómo sería la de Marcelo Ebrard? Una proyección a partir del análisis de sus trayectorias, sus perfiles políticos y su personalidad. ¿Qué podemos esperar de cada uno frente al enorme reto que supone dirigir el país que recibirían en septiembre del próximo año?

En la última parte se ofrece un anexo con algunas semblanzas de «Los otros». Los aspirantes a la presidencia más allá de los tres protagonistas estelares. La lista de los suspirantes podría ser interminable. Se han seleccionado seis de ellos por considerar que, en este momento, son ya animadores del proceso sucesorio en los espacios mediáticos, aun cuando sus posibilidades reales, como se ha señalado, sean muy reducidas. Incluso, podrían ser otros los nominados por los partidos de oposición para enfrentar a Morena.

Poco o nada se ha abordado en estas páginas la competencia abierta que tendrá lugar en la primavera del próximo año, entre el candidato del partido en el poder y las fuerzas que intentan destronarlo. Como se ha anticipado, si las inercias no cambian, podría ser una disputa meramente testimonial. Sin embargo, la capacidad de la realidad para destrozar cualquier augurio nunca debe descartarse. En el caso de un cambio drástico en esta carrera, dentro de un año estaríamos obligados a revisar las perspectivas de la batalla final.

En la composición de estas páginas he recurrido con largueza a reflexiones adelantadas en algunas de mis columnas semanales publicadas en *El País*, en *Milenio, Sinembargo.mx* y en diversos diarios regionales; los pocos o muchos lectores que las sigan encontrarán ecos de las ideas ahí vertidas. Agradezco infinitamente la colaboración de Erwin Crowley para investigar y redactar la primera versión de «Los otros». Un verdadero compañero de viaje en esta exploración. Hago también un reconocimiento al trabajo de mis editores de Planeta para operar con la rapidez que requiere un ensayo de coyuntura que exige acuciosidad, pero también celeridad para no quedar envejecido antes de tiempo: los de siempre, Gabriel Sandoval y Carmina Rufrancos, y los de ahora, Karina Macías y Mariano del Cueto, y sobre todo agradezco los muchos consejos, previsiones y correcciones de Susan, con la esperanza de que la lectura de algunos pasajes no la lleven a exigir un crédito de coautoría.

Y, en especial, reconozco a los lectores que, sin renunciar a sus pasiones políticas, estén dispuestos a repasar conmigo algunas reflexiones sobre los extraños e inéditos tiempos electorales que nos ha tocado vivir.

México, 20 de marzo de 2023

1. LA NO REELECCIÓN

Antes de iniciar la lectura de un libro sobre la sucesión presidencial, tendríamos que preguntarnos si va a tener lugar una sucesión. Parecería una frase de Perogrullo, pero lo cierto es que si usted es de los que están convencidos de que Andrés Manuel López Obrador en realidad planea quedarse en la presidencia con algún pretexto al terminar su sexenio, carece de sentido especular sobre su posible sucesor. Es decir, si su sucesor es él mismo, no tendría caso hacer cábalas sobre las probabilidades de un precandidato u otro. Podría incluso ahorrarse la lectura de este libro.

Sin embargo, si usted está convencido de que el presidente se reelegirá es probable que también haya creído que el día en que López Obrador tomó el poder el peso iba a desplomarse y la fuga de capitales hundiría al país. Como esto no sucedió, conceda al menos el beneficio de la duda a la posibilidad de que el presidente concluya su mandato y se retire a su rancho en Palenque, como ha asegurado tantas veces. Convendría, al menos, considerar los siguientes argumentos antes de comprometer su palabra en las charlas de sobremesa familiares.

Aquí expongo las razones para asumir que el presidente no tiene intención alguna de quedarse un día más en la silla presidencial de lo que establece la ley. Ahora bien, si usted considera infundada la supuesta intención de López Obrador para quedarse a vivir indefinidamente en Palacio Nacional, puede saltarse este capítulo.

Continuismo asegurado

La historia mundial muestra que el principal argumento que esgrimen los líderes de un movimiento para mantenerse en el poder una vez que lo han conquistado, es la necesidad de garantizar la continuidad. Algunos terminan convencidos de que el bien del país o del pueblo exige violentar el orden jurídico y «sacrificarse personalmente» en aras de un deber patriótico. La historia está plagada de hombres buenos que decidieron quedarse en el poder aduciendo la necesidad de salvar a la nación de males mayores.

Sin embargo, López Obrador carecería de ese argumento, incluso si se viese tentado a permanecer en el poder. El presidente tiene prácticamente asegurada la continuidad de su proyecto gracias a una intención de voto apabullante en favor de su partido. Puede haber muchas incertidumbres sobre el futuro del mundo en general y de México en particular, pero la sucesión presidencial no parece ser una de ellas. El país, todo indica, será gobernado otros seis años por aquel a quien López Obrador entregue la estafeta de relevo. Violentar el proceso, e imponerse de manera irregular, significaría en la práctica dar un golpe de Estado en contra de sus propias filas y en detrimento de su inminente sucesor.

Resistencia entre el obradorismo

Tampoco está claro que, en el hipotético caso de que el presidente quisiera reelegirse, las propias filas de Morena y el Ejército aceptaran un zarpazo de tal magnitud. Algunos miembros del obradorismo se negarían porque esperan con impaciencia el reparto de cartas que supondría una nueva administración. Después de todo, López Obrador está gobernando con un equipo variopinto, procedente de todos lados, y de cierta manera no ha hecho justicia a la izquierda y a las tribus que ayudaron a construir el movimiento. Tras varios años en el poder, la 4T ha producido nuevos hombres y mujeres fuertes en el ámbito legislativo, en la propia administración federal, en la veintena de gubernaturas que antes no tenía Morena. Todos ellos cuentan las horas para poder operar con márgenes de libertad que no poseen hoy en día bajo el liderazgo vertical de López Obrador. En esencia, cualquier intento de reelección generaría una inconformidad mayúscula en las propias filas del obradorismo.

El único argumento que estas filas podrían digerir (y no estoy seguro de si aceptar) es que ese recurso, la reelección, fuese la única opción para evitar el triunfo de una derecha impresentable: un Bolsonaro en versión mexicana o equivalente. Pero, como se ha señalado, esa posibilidad no está a la vista.

Imposibilidad jurídica y militar

Incluso quienes no aprecian a Andrés Manuel López Obrador tendrían que admitir sus habilidades políticas y su profundo conocimiento del sistema político mexicano. Nadie puede acusarlo de ser un ingenuo. No se puede atribuir una astucia perversa a un rival y al mismo tiempo asumir que habrá de embarcarse en una aventura peregrina condenada a naufragar, como sería la reelección. Fracasaría porque una aventura de esa naturaleza carecería de la fuerza jurídica y legislativa imprescindible para tener éxito. Aun si tal moción lograse los votos de su partido y de sus aliados, la suma queda muy lejos de los dos tercios de los votos en las cámaras para imponer los cambios constitucionales necesarios para dar una pátina de supuesta legitimidad a un sismo político de esta magnitud. En otras palabras, implicaría la desaparición de poderes del Congreso, algo que, hipotéticamente, sólo podría imponerse por la fuerza.

Y, desde luego, tampoco vemos al Ejército prestándose a una operación de esta naturaleza. El respeto al orden institucional por parte de las fuerzas armadas no es un atributo inventado. La lealtad de los militares a la Constitución realmente existe. Y si bien es cierto que esta es la presidencia que más se ha acercado a ellos tratando de involucrarlos en su proyecto social, necesitarían mucho más que el apego a una persona para lanzarse a una aventura de esa magnitud, sobre todo cuando hay un relevo terso a la vista y ningún riesgo de inestabilidad inmediato para el país, o para ellos.

Estado de salud

El organismo del presidente parecería portar una batería de litio. Al cumplirse más de mil mañaneras en diciembre de 2022 el balance publicado mencionaba que en ninguna de ellas ha ocupado una silla, salvo unos instantes para recibir una vacuna, ni ha tomado agua, pese a que esas sesiones superan las dos horas en promedio. El ritmo de sus incesantes giras todos los fines de semana y no precisamente en alfombra roja habrían agotado a personas mucho más jóvenes. Y si bien es cierto que terminará su sexenio cumpliendo 71 años, menos que la edad de los contendientes en la última elección presidencial en Estados Unidos (Joe Biden, 78; Donald Trump, 74), López Obrador no es un hombre del todo sano. Batería de litio, pero en un organismo un tanto maltrecho para su edad. «Corrido en terracería», como él mismo dijo hace años cuando parecía más broma que descripción, pero luego convertida en autoprofecía cumplida.

La estamina del poder y su sentido de responsabilidad le permiten un ritmo de trabajo notable, pero hay un costo físico y una fatiga que se han acentuado a lo largo del sexenio. Ninguna enfermedad que haya puesto en riesgo la terminación de su mandato o restringido sus actividades, pero suficiente para considerar cuesta arriba la posibilidad de mantener ese paso otros seis años.

En septiembre de 2022 él mismo reconoció sus limitaciones: «Sí, yo estoy enfermo, tengo varios padecimientos, les voy a poner una canción, solamente hay una cosa que no tengo, lo del alcohol, lo demás sí, y otros males, todos los que se mencionan ahí», dijo refiriéndose a las filtraciones divulgadas tras el hackeo de información clasificada de las fuerzas armadas. Problemas del corazón, hipotiroidismo, gota y «otros padecimientos» apuntaba el informe militar sobre la salud del presidente. Cualquier observador atento y regular de la comparecencia diaria de López Obrador habrá advertido que, en algunas ocasiones, pocas pero notorias, la medicación a la que se somete habría provocado algunas variaciones al arrastrar las palabras y pequeñas lagunas, más allá de las que puedan esperarse en cualquier alocución improvisada de más de dos horas. Las reiteradas ocasiones en las que él mismo describe y proyecta una imagen de desgaste físico no parecen ser una estrategia para ocultar una supuesta decisión de último momento para quedarse en el poder, sino la descripción de un verdadero estado de ánimo. Aquí algunas frases al respecto: «No, no, no [no reelección]. Fíjese, yo soy el presidente de más edad en la historia de México, el presidente constitucional de más edad». «Mis adversarios, yo creo que tienen razón en esto, de que ya estoy chocheando, entonces no podría más tiempo; además, no me lo permitirían mis convicciones, soy maderista, soy partidario del sufragio efectivo y de la no reelección». «Yo ya voy a terminar. Si el pueblo lo decide así, si el Creador me lo permite, si la naturaleza también, yo voy a estar hasta finales de septiembre del 24 y a partir de entonces me jubilo, no vuelvo a participar en política, en nada».

El panteón de la historia

Estoy convencido de que existe una auténtica vocación republicana en el ADN de López Obrador, aunque entiendo que es una opinión que no compartirán sus críticos. Pero si nos atenemos a su gestión, no a sus beligerantes dichos, en realidad el presidente ha intentado un ambicioso proyecto de cambio dentro de los márgenes de la ley, a pesar de su muy particular manera de entenderla. Se han obedecido las resoluciones del Congreso, de la Suprema Corte y en general del sistema judicial una y otra vez. Los contratos cancelados o las obligaciones pendientes invariablemente han sido honrados. Ha cuestionado una y otra vez los fallos de los jueces, pero no ha caído en desacatos. Sin duda el presidente ha recurrido a todos los atajos posibles, a los pliegues existentes, al mayoriteo en el Congreso, a apresurar el relevo de consejeros incómodos de organismos autónomos, pero se ha quejado de todos los contratiempos legales porque en última instancia se ha sometido a los límites marcados. En todo este comportamiento no veo elementos que lleven a pensar que se decidirá a cruzar hasta el extremo opuesto para dar un golpe de Estado, incurriendo así en la mayor de las traiciones al republicanismo.

Me parece que el verdadero motor de la incombustible voluntad política de López Obrador es su deseo de ganarse un lugar destacado en el panteón de la historia, al lado de Benito Juárez y de Francisco I. Madero. Y si bien es genuina la admiración a ambos, también habrá que decir que al primero lo aborda con el respeto que se otorga a una estatua de bronce, a la cual hay que citar y reverenciar, mientras que al segundo lo elogia como el mártir de la democracia, muerto en su cruzada en favor del sufragio efectivo y la no reelección. Justamente, la no reelección. No es fácil creer que vaya a traicionar a Madero, el antirreeleccionista, después de pasarse un sexenio alabándolo. Al presidente le urge ser expresidente y gozar en vida la satisfacción de haber cambiado el rumbo del país, al menos a sus ojos. No es casual que antes de llegar a la mitad de su sexenio haya comenzado a hablar del México que dejaría, a adelantar nombres de un posible sucesor, a describir la vida que haría en su rancho de Palenque. Una nostalgia anticipada del Adriano en el que se convertiría habiendo cumplido su papel en la historia.

Así pues, aun cuando no disminuya el ritmo de sus actividades, la cada vez más reiterada invocación del fin de su sexenio, del relevo que está por llegar y de sus planes en Palenque, hacen pensar que, en efecto, observa con cierta anticipación el momento en que pueda entregar la estafeta a un sucesor.

En suma, no veo la intención ni las posibilidades de que el presidente Andrés Manuel López Obrador intente quedarse en la silla presidencial. En otras palabras: *habemus* sucesión.

PRIMERA PARTE

LA DISPUTA FRATRICIDA

2. LA CONSTRUCCIÓN DE UNA CANDIDATURA O EL PLAN TRANSEXENAL

El presidente ha tenido en claro, desde el primer momento, que su proyecto social y político trascendía los límites sexenales. López Obrador entiende que generar e instalar un cambio de la magnitud que pretende la 4T no es algo que vaya a conseguirse en el lapso de seis años. Si iba a ser, su proyecto tenía que ser transexenal. Por consiguiente, a un ritmo febril, su agenda política no se ha restringido a todo aquello que considera prioritario, también ha desplegado enorme atención y esfuerzo a asegurar la continuidad al final de su periodo, mediante el triunfo de su partido al menos por un sexenio más. Sostener el apoyo popular; pintar el territorio con el color de Morena; eliminar un medioambiente que considera hostil en la legislación y en los organismos electorales; anticipar precampañas, construir precandidatos sólidos, han sido las piezas sustanciales de esta estrategia.

La campaña electoral de seis años

Mirado en retrospectiva, parecería que el primer propósito que se planteó López Obrador al conquistar el poder fue que no le sucediera lo que le pasó al PRI de Peña Nieto, que reconquistó la silla presidencial para perderla seis años después. Y para conseguirlo entendió que necesitaba conservar durante y al final de su sexenio altos niveles de aprobación.

Un reclamo que con frecuencia se hace a López Obrador es que una vez en la presidencia siguió comportándose como si estuviera en campaña. Es una observación correcta, aunque no necesariamente por las razones a partir de las cuales este fenómeno se explica o critica. Los adversarios pueden atribuir a rasgos de personalidad la polarización a la que remite el presidente o el liderazgo centrado en su carisma. Pero reducir el análisis a la mera explicación psicológica, a partir de un presunto narcisismo o de ánimos pendencieros, lleva a perder de vista la extraordinaria eficacia que esto ha tenido para efectos políticos.

López Obrador asumió que los poderes fácticos estarían en contra de un cambio de fondo y entendió que su principal defensa consistía en mantener el apoyo popular a lo largo de toda su administración. Y para mantener viva esta aprobación y contrarrestar el impacto del bombardeo que busca quebrar ese apoyo, el presidente se ha entregado a la tarea de exhibir lo que está en juego y a argumentar que el gobierno está del lado de las mayorías y en contra de los que se oponen a las causas populares. Al ser tan beligerante en términos discursivos, pero moderado en materia de política económica, López Obrador buscó maximizar sus ventajas políticas y mantener el fervor popular sin poner en riesgo la estabilidad económica.

Lo cierto es que el presidente consiguió mantener la aprobación bajo el contexto asfixiante del impacto de la pandemia y, más tarde, de la guerra en Ucrania. La abismal caída de la economía en 2020 y 2021 y la lenta recuperación barrieron en gran medida los efectos de la política distributiva del gobierno de la Cuarta Transformación. En estricto sentido, quedaron incumplidas muchas de las expectativas de un movimiento que pretendía mejorar sustancialmente la condición de los pobres. ¿Cómo consiguió López Obrador mantener este apoyo popular? Por una parte, no puede ignorarse la importante derrama económica a través de los programas sociales (más de 600 000 millones de pesos anuales), el incremento sustancial a los salarios mínimos o el subsidio a la gasolina y otros productos. Pero la clave del apoyo inquebrantable reside en la percepción que tienen esas mayorías de que por vez primera tienen un presidente que habla en su nombre, y a partir de su inconformidad. Puede no estar consiguiendo el cambio prometido, pero el verbo combativo que fustiga a los sectores acomodados muestra a sus seguidores que lo sigue intentando.

En ese sentido, la polémica y la confrontación discursiva han sido parte esencial de esa estrategia política; seguirá dando dividendos en tanto él les demuestre que no es una división entre dos mitades, sino entre una mayoría popular, a la que él representa, y una minoría descontenta. Apostar a un proyecto transexenal requería no sólo ser candidato en campaña para acceder al poder en 2018, sino seguirlo siendo durante todo el sexenio, para dar oportunidad al obradorismo al menos durante 12 años. Las encuestas de aprobación que le otorgan un promedio por encima de 60% de la población y las de intención de voto que pronostican un triunfo categórico por parte de Morena parecerían darle la razón. El primer requisito lo ha conseguido.

El territorio guinda o el peso de los gobernadores

En 2018 Morena contaba con cuatro gubernaturas; al momento de cerrar la edición de este libro había aumentado a 22, considerando sus alianzas, y podría llegar a la elección presidencial de 2024 gobernando en 24 de las 32 entidades federativas. En la elección del Estado de México para este verano Morena puntea las encuestas de intención de voto y es competitivo en la de Coahuila. Al margen del desenlace en estas dos últimas entidades, es un hecho que el día de los próximos comicios presidenciales la mayor parte de los mexicanos vivirán en estados gobernados por el partido en el poder.

La militancia de un gobernador no garantiza que su partido vaya a triunfar en su ámbito territorial, desde luego. La alternancia que se ha dado en los últimos años en el cambio de poderes de las entidades justamente parecería argumentar lo contrario. La historia reciente ofrece un rosario de ceremonias en las que el gobernador saliente entrega el poder a un partido rival. Pero tal alternancia es más frecuente cuando gobierno estatal y gobierno federal son diferentes. En 2024 la mayor parte de los mexicanos tendrá un presidente y un gobernador de Morena, y eso no es poca cosa para efectos de una campaña electoral. Aparte de considerar los márgenes de maniobra que un mandatario estatal posee para movilizar bases sociales o recursos logísticos, el simple hecho de que el candidato presidencial de Morena no enfrente un territorio gobernado por autoridades hostiles constituye una enorme diferencia.

No se pretende argumentar que el empeño por ganar todo este espacio territorial tenía como propósito esencial conseguir una plataforma regional favorable para los comicios presidenciales de 2024. Hay muchos otros criterios de gobernanza que hacían muy conveniente para el gobierno de la 4T la conquista de los poderes locales. Pero el hecho es que haberlo conseguido ha sido un paso clave en la construcción de una fórmula poderosa para la continuidad del obradorismo en la presidencia. Y, por lo demás, está a la vista el efecto psicológico o la percepción política que arroja el hecho de que Morena enfrente la madre de todas las elecciones con tantos triunfos previos. De ahí la importancia que tendría para el presidente la conquista del gobierno del Estado de México, la última y más relevante batalla electoral antes de la prueba decisiva.

Neutralización del Instituto Nacional Electoral

El presidente tiene asumido que los triunfos de Morena se han dado no gracias a, sino a pesar de, las autoridades del Instituto Nacional Electoral (INE), convencido como está de que entre ellas predomina un pensamiento contrario al proyecto social y político de la 4T. El lector puede o no estar de acuerdo con esta percepción, pero hay que dar por sentado que él actúa en concordancia con esta tesis. En ese sentido, no ha ahorrado esfuerzos ni oportunidades para construir argumentos y condiciones para modificar o neutralizar en lo posible lo que él considera podría ser una amenaza o un obstáculo para el triunfo de Morena en las próximas elecciones presidenciales. La reforma política y electoral buscaba un cambio radical en la designación de los consejeros del organismo y, en general, en los procesos políticos. Como es sabido, tal reforma fue detenida por la oposición a finales de 2022, al impedir a Morena alcanzar dos tercios de la mayoría que exigen los cambios constitucionales para aprobar la iniciativa presidencial. Frente a tal contratiempo, el Ejecutivo lanzó un plan B a partir de leyes secundarias para al menos modificar algunos aspectos del funcionamiento del INE, y no puede descartarse que a lo largo de 2023 Palacio Nacional recurra a alguna de sus atribuciones legales para introducir otras modificaciones que considere pertinentes. La Suprema Corte tendrá la última palabra respecto a tales reformas.

De cualquier manera, habría que decir que esa batalla, en la práctica, la tiene ganada el presidente, para efectos políticos. La máxima autoridad del INE, el Consejo General, cuenta con 11 miembros, pero en la primavera de 2023 vence el periodo de cuatro consejeros, entre ellos los dos más confrontados con López Obrador: el presidente del organismo, Lorenzo Córdova, y Ciro Murayama. Aunque sus reemplazos serán designados por dos terceras partes de la Cámara de Diputados, proporción con la que Morena no cuenta, la mayoría simple de la que goza gracias a sus aliados lo pone en condición muy favorable para que las personas sobre las que recaiga la decisión del Poder Legislativo no sean hostiles al proyecto obradorista. Se asume que en la composición actual tres (si no es que cuatro) son «compatibles» con las causas de la 4T; a ellos podrían sumarse dos o tres más, suficientes para tener mayoría en la institución que preside los comicios en México. Se da por descontado que el proceso de discusión y debate que tendrá lugar para la designación de los nuevos consejeros será asumido por Palacio Nacional como una prioridad absolutamente vital y estratégica.

El «sacrilegio» de un destape anticipado

Entre los muchos preceptos que la tradición mexicana ha sacralizado en el manual no escrito de la clase política se encuentra la conveniencia de que el presidente en funciones retrase lo más posible el proceso de sucesión. En el pasado, todo mandatario sabía que desde el momento en que la opinión pública comenzaba a considerar a los posibles precandidatos, el inquilino de Los Pinos dejaba de ser el soberano absoluto, la única fuente de poder vigente. A partir de ese instante los actores políticos y los poderes fácticos comenzaban a operar no sólo al gusto y disgusto del ocupante de la silla presidencial, también de quien, se presumía, habría de ocuparla durante los siguientes seis años. Quizá por ello se decía, con razón, que el poder sexenal en realidad consistía de solamente cinco años, porque en cierta forma en el último año el poder era compartido.

El llamado fenómeno de la cargada es como el del mercado bursátil. Aquel que se la juega antes que otros por una apuesta política y arriesga capital cuando un precandidato es apenas una esperanza peregrina está en condiciones de cosechar abundancias. Desde luego puede perder lo invertido, pero asume que el precandidato victorioso habrá de premiar el temprano apoyo y sabrá multiplicar la recompensa. *Venture capital*, le dicen en Silicon Valley.

El problema para el presidente es que a partir de que se abre la contienda de la sucesión los actores políticos se ven obligados a tomar partido; la corte en la que reinó durante cinco años el soberano se fragmenta en otras menores; los satélites que sólo giraban a su alrededor ahora orbitan también en torno a otros planetas, por más que estos sigan referenciados al rey sol. Para dejarnos de metáforas, significa que gobernadores, empresarios y contratistas del sector público, banqueros, coordinadores de fracciones en el Congreso, partidos aliados, aristocracia obrera y campesina comienzan a hacer sus apuestas y, en algún punto, incluso consideran más importante quedar bien con quien gobernará seis años más que con quien sólo estará en el poder los 12 últimos meses.

De ahí la costumbre de llevar el destape del candidato oficial hasta noviembre o diciembre del año previo a las elecciones. Retrasarlo más es difícil porque el presidente en turno debe asegurar el triunfo de su partido, entre otras cosas para cuidarse las espaldas, y eso requiere ofrecer a su candidato el tiempo necesario para placearse a lo largo del territorio nacional. Por otro lado, para que pueda ser candidato, la legislación vigente exige la separación del funcionario de sus cargos al menos seis meses antes del día de la elección, lo cual hace impostergable tomar la decisión a más tardar en diciembre.

No son casuales las frecuentes fricciones entre el presidente y el candidato en campaña. Famosas las de Carlos Salinas frente a un discurso cada vez más independiente de Luis Donaldo Colosio, o de López Portillo ante el tono cada vez más crítico de su delfín Miguel de la Madrid. En ocasiones un personero de Palacio tenía que llamar al orden a un candidato excesivamente autónomo y hacerle ver que toda decisión es reversible, incluyendo el llamado dedazo. Salinas, incluso, tomó la precaución de separar de su gabinete a otro miembro un semestre antes, Ernesto Zedillo, además de Colosio, para tener un plan B por si acaso (lo cual a la postre, como todos sabemos, resultó profético).

Lo cierto es que el presidente en funciones no sólo buscaba retrasar al máximo la definición del sucesor, también intentaba sofocar las cargadas en torno a los posibles precandidatos. Se trataba de que el entusiasmo en torno a alguno de ellos no se convirtiera en una bola de nieve potencialmente imparable que terminara por quitarle al presidente la facultad de operar como el elector decisivo la definición de su sucesor. Para conseguirlo, los operadores del presidente difundían prevenciones como la consabida consigna «el que se mueve no sale en la foto» y amenazaban con represalias políticas a aquellos que se activaran sin autorización. El panteón de la política está sembrado de los casos en que conspicuos hombres de poder desaparecieron de la escena política de la noche a la mañana por su desacato a estas reglas (Moya Palencia, Martínez Manatou, por ejemplo). Otra parte de la pinza de esta estrategia consistía en ampliar la lista de precandidatos y difundir rumores sobre supuestos favoritos que cambiaban a lo largo de los meses, todo para conseguir que los apoyos de la clase política se dispersaran entre varios jugadores. Eran los tiempos en que las columnas políticas de periodistas operaban como correas de transmisión para sembrar los rumores y presuntas verdades sobre el sentir del presidente.

El atrevimiento de López Obrador

A contrapelo de esta larga tradición, el gobierno del cambio decidió modificar los tiempos. En marzo de 2021, es decir apenas corriendo el tercer año de gobierno y aún lejos de la mojonera de la mitad del sexenio, el presidente abordó por primera vez el tema. Sin venir al caso, y para sorpresa de todos los presentes, mencionó en una mañanera: «Pero estoy muy contento, muy contento porque hay relevo, porque es de la generación que sigue; no sé si me explico: yo tengo 67, de 50 para arriba incluso, hay mujeres y hombres, se van a enojar los adversarios, pero la verdad, la verdad, sí hay relevo de este lado, ellos tienen problema, nosotros no, hay un abanico, qué vamos a hablar si todavía falta». En ese momento no mencionó algún nombre en concreto, pero su invite desencadenó un verdadero frenesí mediático. De inmediato los precandidatos previsibles fueron abordados por la prensa, y aunque todos ellos se declararon ajenos a cualquier aventura y juraron estar concentrados en sus responsabilidades actuales, en sus respectivos equipos de asesores las palabras del presidente provocaron verdaderos tsunamis.

Es cierto que desde el arranque del sexenio ninguno desperdiciaba la ocasión de entablar relaciones con otros actores políticos con cualquier pretexto, pero se entendía que la mejor estrategia residía en ganarse el aprecio presidencial haciendo merecimientos en la responsabilidad recibida. Es decir, Claudia Sheinbaum en su trabajo como jefa de Gobierno de la capital, Marcelo Ebrard en Relaciones Exteriores y muy particularmente en la tarea encomendada de conseguir vacunas para el país. En marzo de 2021 se encontraban a dos años y medio del momento de definición, y se asumía que la vieja consigna de «no moverse» seguía describiendo los deseos de Palacio. De ahí la zozobra que causaron las palabras del presidente. Durante los siguientes meses los aspirantes no supieron a qué atenerse. ¿Había sido un exabrupto al calor de la improvisación de una mañanera o la señal de un cambio de reglas en toda la extensión? Como quiera, prevaleció la prudencia en ese momento; el riesgo de irse con la finta e incurrir en un error imperdonable era mayor que caer en la tentación de comenzar a ganar terreno a sus rivales.

El presidente mismo pareció haberse arrepentido de su iniciativa y no volvió a mencionar el tema durante los siguientes cuatro meses. Esperó, justamente, a cruzar el límite de las elecciones intermedias, como si aguardase el punto de inflexión del arranque de la segunda mitad, para volver a lanzar el asunto, ahora sí por todo lo alto. El 5 de julio, un mes después de los comicios y a tres años de las elecciones presidenciales (35 meses, para ser precisos) uno de los reporteros cercanos a Palacio «casualmente» recordó al mandatario sus palabras difundidas unos meses antes, y propició el verdadero banderazo de salida.

«¿Quiénes pueden sustituirme? Bueno, pues primero hay que tomar en cuenta que va a ser el pueblo el que va a decidir. Ahora del flanco progresista, liberal, hay muchísimos como Claudia [Sheinbaum], Marcelo [Ebrard], Juan Ramón de la Fuente, Esteban Moctezuma, Tatiana Clouthier, Rocío Nahle, bueno, muchísimos, afortunadamente hay relevo generacional», afirmó el jefe del Ejecutivo federal.

Más adelante regresaremos a la lista de nombres propuestos por el propio presidente, porque la nómina ha sufrido altas y bajas a lo largo del tiempo, en función de la estrategia. Pero por ahora habría que explicar las razones que ha tenido López Obrador para ir a contrapelo del «sentido común» de las tradiciones políticas, al dar por iniciada con tanta anticipación la carrera presidencial.

El descorche de un tempranillo

Como tantas otras decisiones del presidente, el banderazo de salida para las precampañas dos años antes de lo acostumbrado parece ser también el resultado de una mezcla de dos factores: rasgos atribuibles a su singular personalidad, por un lado, y golpes de estrategia bastante elucubrados, por el otro. Temperamento y cálculo político, simultáneamente.

Veamos lo primero. Andrés Manuel López Obrador es un político que claramente disfruta siendo el jefe del gobierno. Es del todo consciente de la responsabilidad y del momento histórico que le ha tocado desempeñar, por no hablar del gusto que le proporciona el papel privilegiado que el puesto le otorga para comunicarse con la plaza pública. Lejos de haberse agotado en la dura tarea de dirigirse todas las mañanas a la nación, los minutos promedio han ido aumentando al paso de su sexenio; en los últimos meses se acercan ya a las tres horas en promedio y en repetidas ocasiones ha planteado la posibilidad de extenderlas también a los fines de semana. Concibe su mandato no sólo como una cruzada para provocar un cambio de régimen político, social y económico, sino también como una oportunidad para modificar valores y actitudes en la vida pública del país. Lo consiga o no, él entiende su tarea como un cruce entre al menos tres roles simultáneos: un jefe de Estado empeñado en un cambio profundo y responsable del régimen, un líder político de un movimiento social y de una corriente política que llegó para quedarse y un pedagogo y guía espiritual del pueblo, entregado a generar una revolución de las conciencias. En suma, los días y los meses son cortos para desahogar la ambiciosa y compleja misión de la cual se siente portador.

Pero al mismo tiempo, como ya se ha señalado en el primer capítulo, hay una parte en él que aspira a la trascendencia y a ocupar de una vez por todas una posición destacada en su reverenciada historia patria. Y para eso necesita ser expresidente. En la reiterada descripción de las tareas que habrá de realizar tras abandonar Palacio (escribir libros, cultivar sus árboles, vida hogareña) y la mención tan temprana de una generación de relevo que recogerá la estafeta, hay una especie de anhelo por la vida anticipada que le ofrece el retiro político. En su tercer y cuarto informe de gobierno no sólo presentó un recuento de lo realizado en los 12 meses correspondientes, también se incluyó una suerte de balance histórico de lo que habría sido su gestión mirada desde el porvenir. Es esa pulsión lo que en parte explica la prisa por hablar de quienes habrán de seguirlo en el gobierno.

En diciembre de 2022, dos años antes de terminar su sexenio, adelantó el título que pondría fin a su ciclo de gobernante: «Ya estoy pensando en cómo va a ser mi último libro político. Ya hasta estoy pensando en el nombre; va a ser como El Final del Viaje Político, El Final de la Odisea, algo así», afirmó en una mañanera.[1] Y si bien no es inusual que los jefes de Estado elaboren una suerte de memoria política o balance de su gestión, suele ser algo que les ocupa al término de esta, no cuando están sujetos a la dura responsabilidad de sacarla adelante. Que López Obrador acaricie estos pensamientos desde mediados de su sexenio dice mucho de su curiosa «nostalgia del porvenir». Insisto, es esta impaciencia para ser ya un prócer de la historia lo que explica en parte la mención de los posibles relevos de manera tan anticipada.

Y por lo demás, a diferencia de presidentes anteriores, no está expuesto a la factura que podría pasarle una cargada antes de tiempo. Todos los mandatarios han sido los hombres fuertes de su partido, hayan sido panistas o priistas, pero sólo lo eran por el consenso entre sus correligionarios en el sentido de que se trata de un privilegio que se tiene por ocupar la silla presidencial. En cambio, en el caso de López Obrador no es que sea el líder de su partido; es que es su partido. La relación identitaria y personal que mantiene con las bases sociales es independiente de Morena, de hecho, es el nutriente que sostiene a Morena. No habrá cargada capaz de desafiar el control que ejerce sobre su propio partido y las consiguientes candidaturas. En otras palabras, López Obrador no teme perder reflectores ni peso político con el inicio de la cargada, pues sabe que hasta el último momento el candidato dependerá esencialmente de la voluntad presidencial, o de las reglas que defina el líder para la sucesión. Quien quiera ser presidente no sólo tiene que ganar la ansiada nominación como candidato de Morena, requerirá, además,

---

[1] 28 de diciembre de 2022.

que el jefe le ayude, con su carisma y liderazgo, a ganar los votos que necesita.

Al que madruga, Dios le ayuda

Sin descartar que exista una inclinación personal, una pulsión, que lo lleva a esta anticipación, también habría que decir que lo avala una estrategia política deliberada. Imposible saber si tal estrategia es un razonamiento *a posteriori* para arropar un impulso personal, o el resultado de un cálculo político perfectamente diseñado desde el principio.

Lo cierto es que, a contrapelo de la ley no escrita que llevaba a atrasar el momento de los destapes para proteger al presidente en funciones, López Obrador y Morena se han beneficiado de este aparente «sacrilegio»: arrancar precampañas desde la mitad del sexenio. De paso han hecho trizas el viejo precepto. Adán Augusto López, uno de los añadidos a la lista original casi un año después del primer destape, señaló en junio de 2022 que «los tiempos del señor son perfectos», en lo que parecía una referencia religiosa que, en realidad, era política. ¿Qué ha ganado el movimiento lopezobradorista con los «destapes» tan anticipados? En mi opinión ha conseguido cinco objetivos.

Primero, testar el producto

En primer término, «testar el producto en el mercado». Una de las peores tragedias que puede tener un presidente es optar por un personaje que luego se desplome frente al electorado. Una vez elegido el candidato oficial, la decisión es prácticamente irreversible, a menos que aparezca un Aburto, cosa que nadie desea.

Recordemos que, desde Miguel de la Madrid, hace cinco sexenios, ningún presidente ha podido colocar en el trono a su sucesor. En 1994 Carlos Salinas no pudo hacer presidente a Luis Donaldo Colosio; en 2000 Ernesto Zedillo ni siquiera se empeñó en impulsar al candidato de su partido, Francisco Labastida Ochoa; seis años más tarde Vicente Fox habría querido a Santiago Creel en Los Pinos, pero lo venció Calderón en las elecciones panistas internas, y a este último le sucedió lo mismo en 2012 cuando su delfín, Ernesto Cordero, salió derrotado frente a Josefina Vázquez Mota, quien quedó en tercer lugar en los comicios. Finalmente, Enrique Peña Nieto y su ala tecnócrata impusieron a José Antonio Meade en la boleta del PRI, sólo para quedar también en un penoso tercer lugar. López Obrador no quiere que le suceda lo mismo.

No deja de ser curioso que en un régimen presidencialista como el que tenemos, el soberano en funciones haya sido incapaz de imponer a su sucesor. Las razones son variadas, y su examen escapa a los propósitos de este texto, pero en la mayor parte de los casos ha sido resultado en gran medida de haber elegido a un candidato invendible para el electorado.

Lo que está haciendo López Obrador constituiría un antídoto para evitar tal riesgo. Permitir que los mejores prospectos se placeen por todo el territorio durante 16 meses antes de tener que tomar esa decisión le da la oportunidad al presidente de conocer la reacción, las simpatías y los rechazos que generan sus principales cartas en cada región y en cada sector social.

Por lo general el principal elemento de juicio que tiene a su alcance el mandatario procede de las encuestas de intención de voto de una población que aún no conoce cabalmente a los candidatos, porque no han comenzado las campañas. Es decir, debe escoger a ojo de buen cubero. La estrategia impulsada por el presidente es astuta porque al «destaparlos» desde ahora los pone a hacer campaña abiertamente sin necesidad de tomar una decisión. Al hacerlo, sabrá con mayor precisión cómo respondería el electorado del norte a una candidata mujer asociada a la izquierda, si Marcelo es capaz de generar interés en el sureste o si Adán Augusto logra salir del anonimato de cara a población abierta. Si alguno no va a «prender» en el ánimo popular o de plano va a ser repudiado podrá saberlo antes.

Segundo, valoración de habilidades

López Obrador no sólo tiene que asegurarse de que el candidato elegido garantice un triunfo en las urnas; tanto o más importante es conseguir que sea un presidente apto para continuar el proyecto. El mejor candidato no siempre es el mejor mandatario. Mientras sus posibles relevos sigan operando en el confort de sus oficinas, el presidente no tiene necesariamente todos los elementos para valorar sus límites y capacidades en otras áreas. Más aún, evaluar la eficiencia real cuando operan en tareas tan distintas (Ciudad de México, Cancillería, Gobernación) no es tarea sencilla, porque equivale a comparar peras con manzanas. Pero al ponerlos a viajar cada fin de semana los obliga a hacer planteamientos ante agroexportadores de Sinaloa, hoteleros en Quintana Roo, agrupaciones indigenistas en Chiapas, padres de familia en El Bajío, etc. Una base de comparación mucho más explícita para evaluarlos.

Tercero, ampliación de la baraja

Al arranque del sexenio solamente la amplia trayectoria de Marcelo Ebrard ofrecía la visibilidad que se necesita si se quiere ser protagonista de una campaña de dimensiones nacionales. Pero era en verdad el único. El primer factor que influye en la intención de voto, aunque no exclusivamente, desde luego, es que el ciudadano tenga noticia del personaje. Y aunque la percepción pública sobre Claudia Sheinbaum aumentó con rapidez gracias a los reflectores que ofrece la jefatura de Gobierno de la capital, la propia centralidad geográfica del puesto limitaba su penetración en buena parte del resto del país. Con mayor razón la de Adán Augusto López, prácticamente un desconocido para el resto de los mexicanos, salvo para los tabasqueños, cuando fue designado secretario de Gobernación. Pero incluso en este último puesto sus responsabilidades tienen menos visibilidad para el gran público; las tareas que se realizan en Bucareli son importantes para la clase política y la comentocracia, pero tienen que ver más con negociaciones a puerta cerrada con los actores de poder que con el ciudadano promedio. Una larga precampaña resuelve lo anterior. Para lo que sirva, el hecho es que para el otoño de 2023 López Obrador tendrá tres opciones reales sobre las cuales hacer su valoración final, sin verse obligado a prescindir de una de ellas simplemente porque es una carta desconocida.

Cuarto, evitar excesivo desgaste de sus campeones

La ampliación de la baraja de contendientes tiene como propósito adicional evitar el inevitable golpeteo que supondría tener una contienda entre dos aspirantes. Mientras el presidente consiga convencer a la opinión pública y a los factores de poder de que existe un abanico de competidores, retrasa el desgaste que significan las críticas y zancadillas a su, o sus, verdaderos candidatos.

Quinto, adelantar a la oposición

Si Claudia Sheinbaum y Marcelo Ebrard ya aventajan considerablemente a cualquier precandidato de la oposición en términos de reconocimiento y aprobación popular, la «oficialización» de estas campañas ha potenciado tal diferencia. Mientras el PRI y el PAN buscan debajo de las piedras posibles figuras y se embarcan en interminables conjeturas sobre los criterios y posibilidades para elegir un candidato unitario, los de Morena, para efectos prácticos, habrán tenido más de un año de exposición en campaña.

En suma, me parece que con su destape anticipado López Obrador implementa una hábil estrategia política. Al poner a los tres punteros a competir en una campaña abierta, obtiene todos los beneficios sin ninguno de los perjuicios. Antes de verse obligado a tomar una decisión final, él y su partido podrán conocer la capacidad de los precandidatos para generar votos y alianzas entre los actores políticos y sociales del país, y calibrar mejor sus límites y posibilidades frente a una posible responsabilidad presidencial.

Término corcholata

Aunque anecdótico, merece una mención la incorporación del término *corcholata* al argot político, una deriva de la noción de tapado. Lo de «el tapado» se venía utilizando desde los años cincuenta, cuando el caricaturista Abel Quezada dibujó al personaje: una figura cubierta con una sábana, en alusión a la estrategia del presidente Adolfo Ruiz Cortines, quien, como sus predecesores y sucesores, mantuvo en secreto hasta el último momento la revelación del nombre de su delfín. A mediados de 2021 López Obrador introdujo la variación cuando señaló: «Ya no hay tapados, yo soy el destapador y mi corcholata favorita va a ser la del pueblo».

En estricto sentido, en realidad Luis Echeverría había hecho algo similar cuando Leandro Rovirosa, exgobernador de Tabasco y amigo de la infancia de Echeverría, dio a conocer que seis personas, y no nada más el secretario de Gobernación, aspiraban a convertirse en el relevo del presidente. Con la mención de media docena de aspirantes «oficializados» por el poder presidencial, el verdadero tapado seguía escondido a la vista de todos. Quizás Echeverría tenía decidido desde entonces el nombre de su sucesor: José López Portillo, a la sazón secretario de Hacienda, y abrió la baraja, preocupado por el impacto que habría tenido un anuncio a contrapelo de las expectativas generalizadas en torno a la autopostulación de Mario Moya Palencia, secretario de Gobernación.

Tampoco se puede descartar que el presidente López Obrador apele al recurso con el mismo propósito; esconder la designación de su entenado en medio de otros nombres. Y, no obstante, tal propósito no es excluyente de los objetivos mencionados antes para haber lanzado por anticipado varios nombres a la arena contenciosa. El presidente puede tener ya un favorito o una favorita, pero es útil poner a su candidato a prueba antes de tomar la decisión definitiva. Bien podría decir: «Estos son mis prospectos, ahora quiero verlos trabajar para ganarse el voto de la mayoría».

La Santísima Trinidad: Claudia, Marcelo y Adán

Desde el primer destape de parte del presidente, Claudia Sheinbaum y Marcelo Ebrard han estado presentes. En aquel julio de 2021, cuando por vez primera llamó por sus nombres a los precandidatos, quedó en claro que, como en la entrega de los óscares, algunos nominados simplemente estaban de relleno. Los otros cuatro invocados: Juan Ramón de la Fuente, Esteban Moctezuma, Tatiana Clouthier y Rocío Nahle, jugaban desde luego un rol testimonial.

Los dos primeros habían desaparecido de la escena política nacional como resultado de sus respectivas encomiendas: De la Fuente como representante ante la Organización de las Naciones Unidas (ONU) y Moctezuma, ante Washington. Pero más importante aún, en realidad no estaban en el radar del presidente; no eran mencionados en las mañaneras incluso en situaciones que les incumbían. Al primero, que en más de una ocasión en el pasado había sido considerado un posible candidato de centro izquierda, claramente se le asignó una tarea que, siendo digna, lo mantuviese alejado de los reflectores. El segundo, que había sido secretario de Educación los dos primeros años del sexenio, tenía cuatro meses de haber sido defenestrado y distanciado del poder.

Por su parte, a pesar de haber fungido como coordinadora de la campaña presidencial de López Obrador, a Tatiana Clouthier se le consideraba un cuadro externo al obradorismo; se le hizo a un lado en la designación del primer gabinete, aunque fue llamada dos años después a la Secretaría de Economía, con el ánimo de tender puentes con el empresariado. Pero su mención en una lista de precandidatos presidenciales no engañó a nadie. En octubre de 2022, apenas a 22 meses después de haber tomado el puesto, renunció aduciendo razones personales frente a la falta de apoyo o compatibilidad con otras áreas del gobierno de la 4T.

La mención de Rocío Nahle tampoco llamó a engaño, aunque por otras razones. Ella sí goza de todas las confianzas de López Obrador, al grado de convertirla en el brazo operador de su ambiciosa estrategia energética y, de manera particular, para la puesta en marcha del proyecto personal del tabasqueño: la construcción de la refinería de Dos Bocas. Pero justamente los atributos que convierten a esta ingeniera química, exfuncionaria de Petróleos Mexicanos (Pemex), en una buena capataz para sacar a marchas forzadas la enorme obra, la inhabilitan para ser considerada en una función política más amplia. Su papel mismo como secretaria de Energía, en muchos sentidos subordinada a las cabezas de Pemex y de la Comisión Federal de Electricidad (CFE), la convirtieron en poco más que en una responsable de obra, una obra muy grande, eso sí; una tarea condenada a un desgaste inmenso. Todo indica que con la mención de Nahle el presidente deseaba apuntalar a la secretaria en el duro desafío que enfrentaba para terminar la refinería en los tiempos que él exigía y una eventual candidatura a la gubernatura de Veracruz. En suma, se mencionaron seis, pero la opinión pública sólo escuchó dos nombres: Claudia y Marcelo.

Los innombrables: Monreal y Cárdenas

Ricardo Monreal, coordinador de los senadores de Morena y jefe en la práctica de la Cámara alta, tuvo el mérito de colarse en la lista de los presidenciables en los espacios mediáticos y en las redes sociales a pesar de ser deliberadamente ignorado por el líder máximo. En muchas columnas y corrillos políticos se le mencionaba como un posible caballo negro; entre otras cosas quizá porque era el único precandidato que no recurría a eufemismos para divulgar sus aspiraciones a la silla presidencial. Probablemente el propio Ricardo Monreal era el responsable de estas campañas, pero su mérito fue que alcanzó a prender en el imaginario político de todos los que especulaban sobre la sucesión. Un logro nada desdeñable, considerando el evidente desdén que tal aspiración ha recibido por parte del líder de Morena. Un desdén que a la postre cobró factura en las posibilidades reales del zacatecano (tema que será abordado más adelante). Lo cierto es que no formó parte de las listas del presidente, lo cual, a oídos de los obradoristas, equivale a una candidatura muerta antes de nacer. En los últimos meses, sin embargo, se han lanzado algunas señales favorables a Monreal de parte de la cúpula de Morena. Algunos obradoristas han cobrado conciencia de que, si forma parte de la boleta final, algunos de los votos en favor del senador serían votos perdidos para Marcelo Ebrard.

Y existe otro apenas mencionado que requeriría al menos una explicación. Lázaro Cárdenas Batel, hijo de Cuauhtémoc, fundador primigenio del movimiento que a la postre daría lugar al obradorismo, y nieto de Lázaro Cárdenas, uno de los mejores tres presidentes que ha tenido México, en palabras del propio López Obrador. En términos de linaje no habría ningún personaje de la izquierda con mayores merecimientos para figurar destacadamente en la cabeza de un proyecto de cambio social del país. Tendría la edad (60 años cumplidos para los próximos comicios) y desempeña un puesto que, en el papel, lo convierte en uno de los más cercanos al centro del poder: jefe de asesores del Ejecutivo. En algunas ocasiones esta posición ha designado a figuras de enorme peso e influencia (Córdoba Montoya en el periodo de Carlos Salinas, por ejemplo). Sin embargo, su «anonimato» a lo largo del sexenio fue tan marcado que resulta difícil no pensar que tal opacidad es producto de una estrategia explícita por parte del presidente. Fue excluido de toda responsabilidad que entrañe algún protagonismo frente a otros actores políticos, mucho menos ha tenido alguna aparición pública. Al mantenerlo como su jefe de asesores, el presidente lo distinguía, pero en realidad también lo neutralizaba al aislarlo.

Sólo podemos especular sobre las razones por las cuales López Obrador nunca lo contempló como un posible sucesor o lo hizo cuando ya no tenía oportunidad alguna. Una versión maliciosa podría apuntar al hecho de que el peso de la herencia es tal que el arribo al poder de otro Cárdenas habría convertido al obradorismo en un puente para unir a la dinastía. Abuelo, padre e hijo. En los siguientes seis años el peso histórico del cardenismo y la lógica del presidencialismo terminarían haciendo del obradorismo un paréntesis.

Pero también habría argumentos perfectamente legítimos para no incluir a Lázaro Cárdenas en el proceso sucesorio. Si López Obrador está convencido de que otra persona respondería mejor a los retos que exige la presidencia de México en los próximos seis años, habría sido un incordio que una posible precandidatura de Lázaro se saliera de control. Cárdenas es un nombre todavía mágico en el imaginario de las bases sociales en las que se apoya el obradorismo, y no hablo de los cuadros de Morena, dispuestos a abuchear al ingeniero Cuauhtémoc Cárdenas. Si López Obrador deseaba tener margen de decisión (él y su partido) sobre los candidatos en los que realmente ha pensado, Cárdenas Batel habría sido un precandidato incómodo dado el riesgo de que su nombre generara una espuma espontánea difícil de diluir. En tal caso, el ostracismo diseñado para este puesto en Palacio Nacional neutralizó el problema.

Sin embargo, el 17 de marzo de este año, de manera sopresiva, el presidente destapó a Lázaro como una más de las corcholatas. Algunos interpretaron esta mención como una simple deferencia para evitar los rumores de una ruptura del obradorismo con el cardenismo, luego de la renuncia de Lázaro a la coordinación de asesores para irse a la Comunidad de Estados Latinoamericanos y Caribeños (Celac). Otros asumieron que la incorporación de Lázaro Cárdenas en la lista de sucesores era demasiado tardía para tener alguna oportunidad, pero constituía una plataforma de lanzamiento para el otro gran trofeo en disputa: la jefatura de gobierno de la capital.

No es una tesis descabellada. A diferencia de la elección presidencial, que Morena contempla con suficiente holgura, la de la Ciudad de México se prevé mucho más competida. Y para desgracia del obradorismo, la caballada para esta carrera es flaca, comparada con la nacional, en la que Claudia o Marcelo puntean muy por encima de los débiles aspirantes de la oposición. De las tres precandidatas por las que se inclina el presidente en este momento, Clara Brugada, Ariadna Montiel y, en menor medida, Rosa Icela, sólo la primera es competitiva según las encuestas de intención de voto. El mejor colocado en estos sondeos es el secretario de Seguridad de la ciudad, Omar García Harfuch, quien no es precisamente santo de la devoción del líder.

Lázaro Cárdenas podría resolver tal riesgo. Por un lado, sería el contendiente al gobierno de la Ciudad con mayor experiencia: diputado federal, senador, gobernador de Michoacán, jefe de asesores del presidente durante cuatro años. Por otro, y más importante, lleva en el nombre un capital político de enormes resonancias. Con mucho menos que eso, y sólo eso, Luis Donaldo Colosio Rojas es presidente municipal de Monterrey.

Ahora bien, las dos competencias, por la presidencia y por la capital, en este momento no son excluyentes. Primero es la nacional y posteriormente la local. Puede participar en la competencia presidencial para ganar presencia de cara a la carrera por la ciudad.

En todo esto hay una lógica que razonablemente entra en el cálculo político, algo en lo que López Obrador es un maestro. Lázaro Cárdenas puede ser la carta para asegurar el triunfo en la capital. Interrogado al respecto, ha mencionado que no se lo ha planteado, pero esto apenas comienza. Sin embargo, hay una variable suelta, difícil de predecir. La sola mención de Lázaro obligará a las casas encuestadoras a incluir su nombre en los próximos sondeos sobre preferencia en materia de precandidatos presidenciales. El impacto que pueda provocar Cárdenas es un albur (salvo que Palacio Nacional lo haya medido de manera confidencial previamente). Una calificación significativa podría testerear el tablero y abrir apetitos y tentaciones.

A menos, claro, que el camino haya sido ya pactado y sentenciado. El 1 de octubre de 2024, cuando el próximo presidente tome posesión, Cárdenas tendrá 60 años cumplidos. En 2030 tendría 66 años y, aunque en tal caso sería el presidente mexicano con mayor edad al tomar las riendas del poder, comparado con los ancianos que se disputan la Casa Blanca sería «un muchacho». Una poderosa carta para garantizar a la 4T una tercera temporada, un verdadero proyecto transexenal.

Por lo pronto, se va a la Celac, un organismo creado en 2010, que en los últimos años los presidentes de la nueva ola progresista del continente querrían utilizar para ganar terreno a la Organización de los Estados Americanos (OEA).

Lo cierto es que, contra lo que algunos ven como un exilio disfrazado o una expulsión de Palacio, los astros del heredero del cardenismo súbitamente parecieron alinearse en prometedoras alternativas: contendiente presidencial, próximo canciller o gobernador de la capital y automático precandidato para 2030. Nada mal para quien hasta hace una semanas ocupaba un oscuro puesto, deliberadamente ocultado por el presidente de todo reflector, de todo protagonismo. ¿El as bajo la manga?

Los motivos de Adán

Después del primer destape de corcholatas con nombre y apellido, a lo largo de meses el presidente siguió hablando de la solidez de los aspirantes de Morena en contraste con la pobreza de los precandidatos de la oposición, pero en pocas ocasiones volvió a mencionar nombres. El propio presidente parecía atrapado en el inexorable hecho de que sus otros hombres y mujeres de paja no prendieran en la conversación pública.

Probablemente preocupado por la encarnizada confrontación que existía entre sus dos principales alfiles, en abril de 2022, ocho meses después de haber anunciado la primera lista, mencionó a su secretario de Gobernación, Adán Augusto López, como un cuadro de empaque presidencial. Algo quizá le habría hecho pensar en la dura polémica en la que derivó la tragedia de la Línea 12 del Metro, tras la cual resultaron raspados tanto Marcelo Ebrard como Claudia Sheinbaum. Nada que pudiera descarrilar a una precandidatura, pero lo suficiente para mostrar el hecho de que ambos, pese a todo, eran vulnerables, considerando el tramo tan largo que mediaba para los comicios y la imposibilidad de prever todos los imponderables. La urgencia por ofrecer un nombre que pudiera prender en el deporte de las especulaciones obedecería también a la necesidad de dispersar el fuego amigo y el fuego enemigo entre tres frentes y no sólo en los dos en los que parecía atrapado.

Si esos eran los propósitos del presidente, la inclusión del secretario de Gobernación en la privilegiada lista fue más afortunada que los señuelos intentados anteriormente. Su opción fue asumida, ahora sí, como un potencial caballo negro capaz de venir desde atrás si los dos punteros perdían fuelle por alguna razón. En esta ocasión, al menos, los medios le dieron algún crédito a la versión de un tercer jugador. Razones había; por un lado, ser secretario de Gobernación. Si bien desde Luis Echeverría nadie ha saltado de la oficina de Bucareli a Palacio Nacional, todo ocupante de este puesto se ha convertido en un candidato implícito a la candidatura presidencial. Y a veces no tan implícito; desde ahí han acariciado la silla dorada, entre otros, Osorio Chong, Camilo Mouriño, Santiago Creel o Esteban Moctezuma, sólo por hablar de los cuatro sexenios anteriores. El ADN inscrito en la comentocracia y en la cultura política mexicana impide descartar a quien ocupa el puesto más destacado del Ejecutivo, después del presidente. Por el otro lado, se trata de un paisano de López Obrador, un amigo de varias décadas, un hombre de sus confianzas. Suficiente para poner nerviosos a los cuartos de guerra de los otros dos competidores.

A partir de ese momento, primavera de 2022, el presidente nunca dejó de mencionar a los tres en el mismo aliento cada vez que salía el tema de la sucesión. Otros intentos para ampliar la lista nunca corrieron con éxito; en mayo de 2022 el presidente mencionó a Rosa Icela Rodríguez, secretaria de Seguridad Pública, como alguien con merecimientos para ser tomada en cuenta entre los presidenciables, pero nadie aceptó el invite, sabiéndose que, en el mejor de los casos, la exreportera forma parte de otra lista: la de los suspirantes a la alcaldía de la capital, pero esa es otra historia.

Pese a todos los otros intentos por ampliar la lista, esta quedó reducida a tres nombres: Claudia, Marcelo y Adán.

SEGUNDA PARTE

¿CÓMO ES EL PRÓXIMO PRESIDENTE?
LOS PERFILES

3. CLAUDIA SHEINBAUM.
VENTURAS Y DESVENTURAS DE LA FAVORITA

No tiene nada de raro que el obradorismo de izquierda considere a Claudia Sheinbaum su candidata natural. A diferencia de sus rivales en la disputa por la nominación de Morena a la presidencia, Marcelo Ebrard y Adán Augusto López, quienes entraron a la política de la mano del PRI, ella lo hizo desde el activismo universitario y a contrapelo de ese partido. Nunca ha sido de otra cosa que de izquierda. En cierta forma aun antes de nacer.

Sus abuelos paternos, judíos askenazis, procedían de Lituania y llegaron a principios del siglo XX huyendo de la discriminación y la pobreza; sus abuelos maternos, judíos sefardíes, vinieron de Bulgaria huyendo de la Segunda Guerra Mundial. Sus padres eran de formación científica y construyeron un hogar progresista y laico, en el que la ciencia dejó poco espacio al culto religioso. Padre y madre nacieron en la Ciudad de México y estudiaron en la Universidad Nacional Autónoma de México (UNAM); ella, Annie Pardo Cemo, estudió Biología en la UNAM, y él, Carlos Sheinbaum Yoselevitz, Ingeniería Química, primero en la Universidad de Guadalajara y después en la UNAM. Don Carlos devino microempresario y doña Annie profesora universitaria. Ella, en particular, invariablemente formó parte de la comunidad universitaria, y sería simpatizante del movimiento estudiantil, como profesora del Instituto Politécnico Nacional, y simpatizante de diversas causas progresistas a lo largo de su vida. Claudia nació en la ciudad de México el 24 de junio de 1962, y sería la de en medio de los tres hijos del matrimonio: un hermano mayor, dedicado a las ciencias del mar que hoy reside en Ensenada, y una hermana menor.

Sin ser radical, y siempre más orientado a las ciencias exactas que a las ciencias sociales, en el hogar en el que creció Claudia se escuchaban canciones de protesta de aquellos años, aunque también música clásica, se leía a los autores del *boom* latinoamericano. Hasta la fecha, los autores preferidos remiten a esa tradición: Gabriel García Márquez, Isabel Allende, Laura Restrepo, Rosa Montero.

Aunque capitalinos de cepa, la experiencia urbana de los Sheinbaum es la del sur profundo, centrada en Tlalpan, y siempre a la sombra cultural de la UNAM, con los espacios, librerías y peñas musicales que le rodean. La familia acostumbró a los hijos a viajar por el país visitando sitios arqueológicos y buscando huipiles que su madre coleccionaba.

Claudia cursó la primaria en la escuela Manuel Bartolomé Cossío, fundada por el refugiado español José de Tapia (Córdoba, España, 1896-Ciudad de México, 1989), una escuela privada laica, inspirada en el método educativo Freinet del cual el propio Tapia había sido introductor en España. El método fue desarrollado por el pedagogo francés Célestin Freinet. Resulta interesante detenerse un momento en esta corriente educativa, porque en el caso de Claudia y su hermana constituirá una extensión de los valores y perspectivas que recibían en casa.

El método Freinet afirma que el niño es activo, autónomo, creativo y es el autor de su propio aprendizaje. Se centra en la renovación del ambiente escolar, y en las funciones de los maestros. Su objetivo es que los niños aprendan haciendo y hagan pensando. No sólo se trata de una corriente pedagógica, también es una visión del mundo: propugna una formación orientada a los valores de la clase trabajadora y los intereses populares, con democracia interna y participativa, sin imposiciones externas y sin notas de obediencia por parte de los maestros.

Y como suele suceder en cualquier escuela, tan importante como el método o la actitud de los profesores era el tipo de alumnos con los que la niña Claudia interactuaba, jugaba y socializaba. No es de extrañar que una escuela laica, privada, fundada por republicanos haya terminado siendo el destino de los hijos de padres librepensadores, de extranjeros, de judíos que carecían de una escuela especializada en la zona sur, de artistas, de universitarios y en general de círculos progresistas. Entre otros, compartió aulas con el artista Gabriel Orozco y con el director de cine Emilio Mayé. Cincuenta años después, en esa misma escuela, Andrés Manuel López Obrador y Beatriz Gutiérrez inscribirían a su hijo Jesús.

Claudia Sheinbaum vivió una adolescencia de clase media ilustrada. Tomó clases de ballet algún tiempo y aprendió a tocar guitarra, charango, arpa, maracas y bombo argentino, afición que aún mantiene. Participó en un grupo folclórico musical llamado Pilcuicatl (Los niños que cantan), en el que tocaba ese instrumento y cantaba, entre otros, con el hoy actor Daniel Giménez Cacho.

A los 17 años cruzó el Periférico para cursar el bachillerato en el Colegio de Ciencias y Humanidades (CCH), plantel Sur, dependiente de la UNAM. Hasta entonces Sheinbaum habría sido descrita como una alumna *aplicada y a la vez traviesa y muy activa*, y aunque nunca abandonaría una actitud responsable frente a lo que asumió como deberes, la UNAM comenzaría a transformarla. Tres años más tarde se inscribió en la Facultad de Ciencias de esta universidad. Sería la época más bohemia de Sheinbaum. Su incorporación al campus universitario, al inicio de los años ochenta, constituyó una exploración en muchos sentidos. Exploraciones que le dejarían dos tatuajes, una flor en el tobillo izquierdo y unas pequeñas mariposas en la espalda, la experiencia de haber fumado mariguana (citada por ella misma), largas tertulias sedimentadas por el humo, la música, la puesta al día sobre libros y películas que no formaban parte del menú familiar, los debates políticos o las relaciones amorosas. Las actividades extracurriculares de la facultad la llevaron a hacer trabajo en comunidades purépechas en Michoacán. A lo largo de varios años, dentro del equipo del maestro Marco Martínez Negrete regresaría a la zona de Cherán para colaborar en el diseño y fabricación de estufas de leña. Una experiencia de inmersión en el México indígena y rural que, ella afirma, la marcaría profundamente.[1]

Dos amores

Sin embargo, a medida que fue transitando por sus 20, y pasada la novedad del campus, comenzó a concentrarse en las exigencias de su carrera: la física y, literalmente, la política, comenzaron a dominar sus días. Las dos vocaciones residían en el ADN familiar y ahora venían a su encuentro a manos llenas.

En principio asumió que lo primero, las ciencias, constituirían su vida profesional y su futura fuente de sustento, mientras que lo otro, las preocupaciones sociales, se mantendrían como una inclinación paralela. Paralela, pero intensa. El interés político estudiantil de la joven coincidió con un periodo particularmente álgido en la vida de la UNAM; el más importante desde el movimiento del 68, casi 20 años antes. En octubre de 1986 fue creado el Consejo Estudiantil Universitario (CEU), con el propósito de organizar la resistencia en contra de las reformas estructurales y académicas propuestas por el rector Jorge Carpizo —a tono con los nuevos aires economicistas y eficientistas que corrían en el mundo—, quien desconfiaba de un compromiso social en las instituciones públicas. Claudia participó activamente como representante de su facultad y conoció a los líderes de las otras escuelas, entre ellos a quien sería su compañero de vida los siguientes 30 años.

---

[1] Entrevista personal con el autor, 15 de marzo de 2023.

Carlos Ímaz[2]

Carlos Ímaz era tres años mayor que ella, aunque le llevaba mucho camino recorrido en materia de activismo político o cosas de la vida. Paradójicamente también era hijo de un matemático, Carlos Ímaz Jahnke, y de una etnobotánica, y nieto del filósofo español Eugenio Ímaz Echeverría. Sin embargo, a diferencia de Claudia, había elegido las ciencias sociales y su activismo estudiantil era mucho más intenso. Recién licenciado de Sociología y flamante profesor de la UNAM, se convirtió en uno de los tres o cuatro líderes clave del CEU, mientras estudiaba la maestría en Sociología.

El pulso entre el rector y el CEU se extendería durante los siguientes meses y saldría del ámbito estrictamente universitario para convertirse en una de las principales tensiones políticas y mediáticas de la escena nacional de ese momento. La propuesta del rector para aumentar el costo económico de la inscripción, entre otros temas, generó un debate nacional sobre los límites y los alcances de la responsabilidad del Estado en la educación superior. Las posiciones se endurecieron hasta culminar con un llamado a la huelga general convocada por el CEU en enero de 1987. Tras 17 días de paro total de actividades, el rector cedió y retiró su intento de reforma.

---

[2] Aquí es conveniente una precisión. En el caso de los otros aspirantes a la presidencia el tratamiento de sus respectivas parejas ha sido apenas incidental. Importantes como son los temas familiares en la trayectoria de cualquier persona, en estas páginas y tratándose de perfiles políticos, matrimonio e hijos han sido remitidos a la esfera de lo privado. Una excepción es el caso de Carlos Ímaz en los primeros años de la trayectoria de la hoy jefa de Gobierno. Si Ímaz hubiese sido un científico o un artista habría merecido el mismo tratamiento, apenas testimonial, con que se abordaron en el resto de los perfiles las relaciones conyugales. Tal es el caso, incluso, en lo referente a la pareja actual de Sheinbaum. Suele ser muy frecuente el prejuicio que tiende a exagerar el peso de una figura masculina como base del éxito de mujeres con destacadas trayectorias públicas: un esposo, un padre, un hermano. Tengo la impresión de que con Ímaz o sin Ímaz, Sheinbaum estaría donde se encuentra, y sus logros actuales, como los de Ebrard o Adán López, remiten a los méritos realizados dentro del movimiento liderado por la figura de López Obrador. No obstante, las circunstancias no son ajenas al hecho de que su marido era un político profesional y eso colorea la manera en que esa trayectoria «sucedió» en aquellos primeros años.

Durante los tres meses que sacudieron la vida de la UNAM, los líderes y activistas universitarios vivieron en la burbuja del más intenso de los protagonismos; días de interminables asambleas, de agotadoras tareas de organización y comunicación en los que el resto de la vida se puso en pausa. Un febril marco para el romance de los dos jóvenes. El exitoso final del movimiento estudiantil debió haber sido un momento apoteósico. Se casaron ese mismo año: 1987. Carlos había terminado poco antes su matrimonio con Sandra Alarcón (1982-1986), con quien había tenido un hijo, Rodrigo, al cual Claudia conocería de muy pequeño y asumiría como propio. En 1988 tendrían juntos a su hija Mariana.

La relación con alguien de trayectoria eminentemente política tal vez intensificó el interés y la participación de Claudia Sheinbaum en estos temas. Los dos se inscribieron en el recién fundado Partido de la Revolución Democrática (PRD) (1989), prolongación del movimiento del Frente Democrático Nacional, que había dado cauce a la campaña presidencial de Cuauhtémoc Cárdenas. En el PRD convergían dos grandes tendencias; por una parte, el desgajamiento de un grupo de priistas encabezado por figuras preeminentes como el propio Cárdenas, Porfirio Muñoz Ledo e Ifigenia Martínez, molestos por el giro tecnocrático que había tomado el partido con Carlos Salinas de Gortari (aunque ya anunciado en el sexenio anterior, de Miguel de la Madrid). Pero en el nuevo partido también coincidían distintas corrientes de la izquierda, de composición muy variopinta, desde el Partido Comunista y grupos radicales hasta movimientos progresistas de banderas democratizantes. Carlos Ímaz y Claudia Sheinbaum se inscribían en la segunda corriente.

Carlos se involucró más que ella en la vida partidaria, junto a los muchos cuadros que el nuevo partido reclutó en las filas universitarias. La participación política de Claudia estuvo más acotada en la medida en que las responsabilidades familiares y la investigación científica comenzaron a demandar más tiempo.

En 1989, a los 27 años, obtuvo el título de licenciada en Física con la tesis *Estudio termodinámico de una estufa de leña para una comunidad rural en México*. Y si bien el tema de tesis transparentaba claramente sus dos vocaciones, es decir sus preocupaciones sociales y sus afanes científicos, la joven tenía claras sus prioridades profesionales.

Hotel California

El tránsito del activismo universitario a la política a mar abierto no fue automático ni inmediato para la joven pareja. En el PRD había muchos otros cuadros antes que ellos. Y, por lo demás, ambos tenían aspiraciones pendientes en la vida académica. El siguiente año, 1990, Claudia inició la maestría en Ingeniería Energética, en la Facultad de Ingeniería de la UNAM, y un año más tarde presentó la tesis *Economía del uso eficiente de la energía eléctrica en la iluminación*, lo cual le permitió optar por el programa de doctorado de la propia UNAM. Sin embargo, en esta ocasión complementaría sus estudios con largas estancias intermitentes en el norte de California, donde su esposo había iniciado un programa de doctorado, en la Universidad de Stanford.

Durante estos años (1991-1994) tomó varios cursos relacionados con su disciplina, justamente en esa Universidad de Stanford y en la de Berkeley. En realidad, escribiría allá el grueso de su tesis doctoral, *Tendencias y perspectivas de la energía residencial en México*, gracias a una estancia en Lawrence Berkeley National Laboratory, becada por la UNAM.

La elección de los cursos muestra muy claramente el interés en temas ambientalistas desde una perspectiva científica: Energy Resources en 1991 en el Department of Petroleoum Engineering de la Universidad de Stanford. Economics of Energy Resources en 1992, en el Department of Earth Sciences, de la Universidad de Stanford; Latin America and Global Climate Change, en 1992 en Berkeley; Comparative Analysis of Urban Policies, 1992, Department of Urban and City Planning, Universidad de California, Berkeley; taller International Comparisons of Energy Efficiency, 1994, Berkeley; taller Greenhouse Gas Mitigation Assessment, 1994, Berkeley, y Energy and Technology Optimization, 1995, Berkeley. Y en México cursó el Programa de Estudios Avanzados en Desarrollo Sustentable, de El Colegio de México, en 1997. Aunque no resistió la tentación de tomarse el tiempo para asomarse a su otra pasión y también se inscribió en el curso Latin America after the Cold War, en 1993, en el Department of Latin American Studies, Universidad de California, Berkeley.

La científica

En 1994, una vez reinstalados en la Ciudad de México, tras sus estudios en el extranjero, Claudia Sheinbaum y Carlos Ímaz reanudaron su vida en la política y en la UNAM, de la cual no habían salido del todo; ella más centrada en la investigación, él en la docencia y de manera creciente en las actividades del PRD en la Ciudad de México, en especial en la zona del sur. Aunque Ímaz había crecido en otra parte de la capital, sus actividades profesionales y, sobre todo, la convivencia con Claudia lo llevaron a convertirse, él también, en vecino de Tlalpan, un dato importante porque posteriormente ello le permitiría convertirse en titular de la delegación.

A mediados de los años noventa, con 33 años, un doctorado y una decena de publicaciones en revistas internacionales especializadas, Claudia Sheinbaum comenzaba a ser reconocida como una de las pocas científicas ambientalistas existentes en México, o para el caso en América Latina. Lo de científico es importante, porque la mayor parte de las nuevas corrientes ambientalistas que estaban surgiendo en el ámbito académico, intelectual o mediático procedían de las ciencias sociales, de la geografía o de la biología. Claudia pertenecía a una corriente menos visible, pero cada vez más respetada en estos círculos: la de los científicos que ofrecían herramientas, sustento y análisis para ponerle números y posibles soluciones al cambio climático y sus efectos.

En los primeros años, antes del doctorado, el énfasis de sus preocupaciones como investigadora se orientaba a la sustentabilidad de las comunidades, el consumo doméstico de energía térmica y eléctrica para cocinar, calentar agua o iluminar; un interés no muy lejano a sus preocupaciones sociales y políticas. Aunque desde entonces había realizado estudios sobre las tendencias de la industria en el consumo de energía y su efecto contaminante, tras la experiencia internacional su trabajo poco a poco acentuaría su dedicación a temas más macros. En los siguientes años, como investigadora del Instituto de Ingeniería de la UNAM, se convertiría en experta en temas de gases de efecto invernadero, particularmente en lo que toca a energía e industria.

En la segunda mitad de los años noventa su *expertise* sería reconocida en ámbitos profesionales y trascendería los muros universitarios y estrictamente académicos. Comenzó a ser invitada a participar en paneles de especialistas de organismos nacionales e internacionales. En 1995 fue asesora de la Comisión Nacional para el Ahorro de Energía; el siguiente año fue asesora de la Gerencia de Estudios de la CFE. Como parte de una colaboración con el Programa de las Naciones Unidas para el Desarrollo, en 1996 fue asesora en la elaboración del plan de acción climática en Honduras. En los últimos años, antes de que su vida diera un giro definitivo hacia la administración pública, Sheinbaum se había especializado en la elaboración de metodologías para definir modelos de emisión y consumo de energías en situaciones concretas, sobre todo en el caso del Valle de México. El equipo en el que participó fue decisivo para la adopción de las metodologías que seguirían las autoridades de la ciudad para la medición de la contaminación, los sistemas de alerta y las medidas de contingencia; en ese momento nadie habría adivinado que la experta en fórmulas y modelos gráficos se convertiría, años más tarde, en la responsable de llevarlas a cabo.

Nuevo siglo

Mientras Claudia Sheinbaum se convertía en una joven científica tan respetada como especializada en sus temas, la Ciudad de México también experimentaba una mudanza acelerada. En 1997 Cuauhtémoc Cárdenas había ganado las elecciones intermedias, a través del PRD, y arrebatado al PRI el control de la capital por vez primera en la historia. Para las corrientes políticas progresistas de las que formaba parte la joven pareja eran momentos de euforia. El triunfo de la alternancia de izquierda en la capital constituía un atisbo de los nuevos tiempos que prometía el cambio de siglo. El PAN reiteraba triunfos en estados del norte y el occidente; el PRD abría un boquete en el corazón del sistema. Se avizoraba el fin del partido hegemónico, la pregunta era cuál de los otros llegaría primero a la silla presidencial. Para nadie era un secreto que Cárdenas aspiraba a presentarse a la candidatura presidencial del año 2000 y confirmar el triunfo que, a ojos de la izquierda, se le había negado en 1988.

Sheinbaum se había registrado en el PRD desde la fundación del partido, pero a diferencia de su esposo nunca participó en su estructura o en comisiones internas de manera orgánica. Él, en cambio, fue activo desde el primer momento, y tras el regreso de su doctorado se incorporó de lleno a las actividades del partido. Como exlíder estudiantil, tenía el carisma, la solvencia intelectual y la trayectoria para ser un ejemplar idóneo de una izquierda moderna y espabilada dispuesta a tomar el relevo. En 1999 fue elegido presidente del PRD en la Ciudad de México y como tal participaría activamente en la campaña electoral de López Obrador.

Fue en un café

Sus inclinaciones políticas sin duda la favorecieron, pero no fue eso lo que la puso en la mira de Andrés Manuel López Obrador. Ella se había mantenido relativamente alejada de la campaña electoral del 2000 que llevó al tabasqueño a la jefatura de Gobierno de la capital. Seguía concentrada en sus tareas académicas y sus asesorías técnicas, aunque el intenso involucramiento de su marido seguramente la tenía al tanto de todas las incidencias. En entrevista con Alejandro Páez y Álvaro Delgado, en *Sinembargo.mx*, relata un encuentro decisivo con el ahora presidente. Tras ganar la elección en el verano, López Obrador barajaba nombres y prioridades para la formación definitiva del gabinete con el que tomaría posesión como jefe de Gobierno el 1 de diciembre. Buscaba a alguien para la cartera de Medio Ambiente, de preferencia joven, de izquierda y con conocimientos científicos en la materia. Consultó con su amigo José Barberán; él pensó en Claudia y le preguntó si le interesaría conversar con el jefe de Gobierno electo.

Vale la pena detenerse en Barberán, no sólo por haber sido el puente que vincularía a Sheinbaum con el gabinete obradorista, sino también porque al tratarse de una persona respetada, incluso admirada por López Obrador, su recomendación terminó siendo definitiva. Hijo de refugiados españoles, José Barberán (1946-2002) sintetiza mejor que nadie la fusión de la capacidad científica y matemática con la pasión política. Formado en la Facultad de Ciencias de la UNAM, realizó posgrados en matemáticas y geografía en Estados Unidos y fue pionero de los estudios de cambio climático en los años ochenta. Investigador durante más de 15 años en la UNAM, conocería a Claudia desde la infancia por ser amigo de sus padres y director de la tesis de su hermano. Pero a diferencia de Sheinbaum, Barberán participó intensamente en el activismo político desde su juventud y a lo largo de toda su vida. Desde protestas en alta mar, movimientos estudiantiles hasta la oposición a la guerra de Vietnam. Aunque es con el surgimiento del PRD y la posibilidad de una alternativa electoral de izquierda cuando en verdad florece.

La capacidad matemática que había invertido para desarrollar métodos de medición de cambio climático la aplicó a los procesos políticos y electorales. En el PRD fue precursor en el uso y diseño de encuestas propias y probablemente fue él quien despertó en López Obrador el hábito y la confianza para utilizarlas. Pero su principal aporte fue el diseño de métodos de análisis del voto, patrones de comportamiento y de filtración de datos, que lo convirtieron en un verdadero catador en materia de detección de fraudes electorales. Prueba de su influencia es su rol como representante del PRD ante el IFE en los años decisivos de 1995 a 2000, en el que ganaron dos veces la Ciudad de México. Murió a los 56 años, aquejado de cáncer, dos años después de que López Obrador le hiciera la consulta respecto a algún científico para hacerse cargo de la Secretaría de Medio Ambiente. Así es que cuando el jefe de Gobierno electo recibió a Claudia Sheinbaum en el Sanborns de San Ángel unos días más tarde, tal vez la decisión ya había sido tomada, la reunión no duró más de 15 minutos.

Comenta la propia Sheinbaum:

> Fue una conversación muy breve […], me llamó y me dijo, yo lo que quiero es que bajes la contaminación atmosférica, tú sabes cómo hacer esas cosas. La ciudad tiene un problema de contaminación atmosférica muy grave, yo de ese tema no conozco muy bien cómo se hace, pero sé que es fundamental y tú tienes reconocimiento, además te llevas con los científicos que se dedican a eso… ¿aceptas?, cuando le dije que sí, simplemente agregó, bueno, pues haz tu equipo, quiero que se incorporen estas personas que también saben de esos temas, y preséntame un proyecto.[3]

---

[3] Entrevista, en Alejandro Páez y Álvaro Delgado, *La disputa por México*, México, HarpersCollins, 2022.

Cree recordar que el propio López Obrador pagó el café. En 15 minutos Claudia Sheinbaum había dejado de ser una profesional de la ciencia y de la academia para convertirse en funcionaria pública.

Sin embargo, no es la única versión que da cuenta del primer acercamiento entre Claudia Sheinbaum y Andrés Manuel López Obrador. Según un texto reciente de Alejandro Almazán, quien cita a dos entrevistados, Armando Quintero y René Bejarano, hubo dos reuniones en 1999 en la casa de Claudia e Ímaz para preparar la precandidatura de López Obrador en el PRD al gobierno de México, que en ese momento era disputada por Pablo Gómez, entre otros. Estos rivales pretendían derribar la candidatura del tabasqueño argumentando que no cumplía con el requisito de los cinco años previos de residencia en la Ciudad de México, que la ley exigía. La reunión era para definir una estrategia política para solventar el diferendo.

Según Quintero: «En la primera reunión sólo estuvimos Andrés Manuel, Claudia, Ímaz, Bejarano, Arce y yo... tuvimos que comprometernos a no armar desmadre y jalar todos juntos. Por eso hicimos la segunda reunión: para que otros líderes garantizaran que no fuera a haber pedos».[4] En otro pasaje, se asegura que en esas reuniones en casa de los Ímaz habían tomado refrescos y quesadillas, muy probablemente preparadas por la anfitriona.[5] La propia Sheinbaum asume que existió tal reunión, pero según se acuerda sólo una habría tenido lugar en su casa.

Sin embargo, no son relatos necesariamente excluyentes. El verdadero anfitrión de esas reuniones era Carlos Ímaz, presidente del PRD en la ciudad, directo responsable de llevar a buen puerto el proceso interno de selección de la candidatura para la capital. El posterior encumbramiento de Claudia, que en ese momento simplemente era investigadora de la UNAM,

[4] Alejandro Almazán, *Jefas y jefes. Las crisis políticas que forjaron a la Ciudad de México*, México, Grijalbo, 2023, p. 58.
[5] Entrevista personal con el autor, 15 de marzo de 2023.

militante, que no dirigente, del partido, podría provocar que en retrospectiva se estuviese magnificando su protagonismo en tales reuniones. Todos los demás eran líderes de tribus o altos cuadros del partido; ella era la esposa de quien encabezaba esas negociaciones, para lo cual ofrecía su casa.

Con todo, la versión matiza el relato de Claudia sobre ese encuentro en Sanborns. Andrés Manuel la conocía, había estado en su hogar, sabía que era la esposa del presidente capitalino del partido. Lo cual no descarta la posibilidad de que, en efecto, haya sido José Barberán quien convenció al flamante jefe de Gobierno de la conveniencia de llevarla a esa secretaría.

La pareja

La transición no debió haber sido fácil. Con 38 años cumplidos ya no era ninguna jovencita, pero la escala de una secretaría no se parecía en nada al trabajo individual o en cubículos entre un grupo de colegas, propios de la investigación científica, académica y docente. Ahora dirigía una oficina con varios cientos de empleados y era responsable de un presupuesto de una magnitud inédita en su experiencia como administradora de recursos. Y tampoco resultaba fácil integrarse a un gabinete en el que la mayoría de sus miembros habían trabajado hombro con hombro con el jefe a lo largo de la campaña y, en algunos casos, desde varios años antes.

Sin embargo, Claudia tenía un factor a su favor: estar a cargo de una secretaría técnica, respecto a la cual ella gozaba de las credenciales profesionales que no poseían los cuadros políticos que podrían haberle creado un ambiente hostil, fuese por ambición, celos o simplemente por el golpeteo propio de toda corte política, algo a lo que ella no estaba acostumbrada. Por lo demás, se trataba de un ministerio de reciente creación que no formaba parte del pastel tradicional que solían disputarse los políticos.

Sheinbaum no se había desenvuelto entre las tribus y sus respectivas filias y fobias, algo que seguramente se traducía en un terreno minado para cualquier recién llegado. Con todo, tampoco era ajena a las esferas perredistas. Durante la primera mitad del sexenio de López Obrador, Claudia y Carlos, ella miembro del gabinete capitalino y él dirigente del partido, constituían una de las parejas de mayor relevancia en el universo de esta corriente política.

Y a pesar de su inexperiencia en las lides políticas, Claudia ya no necesitó vejigas para nadar, si es que alguna vez debió de usarlas. López Obrador detectó muy rápidamente las habilidades y la personalidad de su secretaria de Medio Ambiente y le otorgó su confianza. En un medio en el que los cuadros hacen carrera a partir de la importancia que se dan a sí mismos, la imagen de éxito que consiguen proyectar, las amistades y alianzas tejidas, la actitud de la académica resultaba contrastante. Parca en sus intervenciones, desafecta a los pasillos y antesalas, concentrada en sus tareas, el jefe de Gobierno pronto entendió que su colaboradora cumplía a cabalidad con toda responsabilidad asumida y hablaba solamente de lo que sabía. Y con los meses quedó claro que sabía mucho más que simplemente de temas de «contaminación del aire». Su interés en los tópicos ambientales urbanos le habían provisto de una batería de herramientas en temas de vialidad, infraestructura urbana, instalaciones industriales, movilidad y transporte. López Obrador se acostumbró a tomar su opinión sobre aspectos que cruzaban otras secretarías y poco a poco se inclinó a confiarle encargos adicionales.

Claudia Sheinbaum terminó coordinando varios de los proyectos más ambiciosos del jefe de Gobierno en materia de obra pública. La construcción y puesta en marcha de medios como el Metrobús, las ciclopistas, el llamado segundo piso del Anillo Periférico o la central digital para el control de los verificentros. La funcionaria tenía para López Obrador la mejor de las virtudes: invariablemente ofrecía resultados, con la ventaja adicional de que no hacía grilla. Esto al margen de las tareas específicas de su oficina, encaminadas a mejorar el sistema de medición y alertas medioambientales, la reforestación y la construcción de pulmones verdes, la reorganización del Bosque de Chapultepec.

El escándalo de las ligas

La relación de confianza y lealtad establecida entre López Obrador y Claudia Sheinbaum en esos años puede ser cabalmente aquilatada por el hecho de que fue capaz de resistir el mayor escándalo que haya sufrido su administración: los videos de Carlos Ahumada.

El 1 de marzo de 2004 la imagen de Gustavo Ponce, secretario de Finanzas, fue divulgada mientras apostaba en un casino de Las Vegas; dos días después se dieron a conocer los videos de René Bejarano, diputado perredista y jefe de una de las tribus más poderosas del movimiento, mostrando la manera en que se embolsaba 45 000 dólares en efectivo. Carlos Ímaz entendió que sería el siguiente de la lista y se anticipó ofreciendo una entrevista a Carmen Aristegui el 5 de marzo. Afirmó que también él había recibido aportaciones del empresario Carlos Ahumada, que fueron utilizadas para financiar las brigadas de cazamapaches, así como gastos de campaña de varios candidatos. Añadió que tales aportaciones habían sido realizadas sin condiciones, pero que más tarde Ahumada había exigido contratos de obra pública y control de varias oficinas para sus allegados, a lo cual el funcionario se había negado. Tres días más tarde se divulgó el video en el que Ímaz recibía de Ahumada 350 000 pesos en efectivo. Una semana después, el 15 de marzo, pidió licencia para separarse del cargo de delegado de Tlalpan.

La historia de este escándalo es compleja y escapa a los límites de este texto. Para lo que nos ocupa, señalemos que constituyó un tsunami dentro del perredismo de la capital y que se llevó entre las aguas al menos a tres figuras preeminentes: Rosario Robles, quien presumiblemente mantenía una relación amorosa con Carlos Ahumada y había sido jefa de Gobierno interina cuando Cuauhtémoc Cárdenas se dedicó a su candidatura presidencial, René Bejarano y el propio Ímaz, además del extesorero, quien se suicidaría pocos días más tarde.

Las implicaciones jurídicas para Carlos Ímaz serían largas y se convirtieron en la principal de sus ocupaciones los siguientes meses. En agosto un juez lo declaró culpable de un delito electoral y lo sentenció a tres años y seis meses de cárcel, aunque al no superar el límite de cinco años de prisión, se conmutó por una multa de 100 000 pesos. Ímaz apeló la sentencia y en diciembre consiguió que el Tribunal Superior de Justicia del Distrito Federal lo exonerara de los cargos. A diferencia de Bejarano, nunca pisó la prisión.

Sin embargo, al margen de lo jurídico, su carrera política terminó de cuajo. No regresó a la delegación Tlalpan, aunque tampoco renunció al PRD ni prosperaron algunos intentos promovidos por antiguos rivales para expulsarlo del partido. Su eclipse obedeció en primer término a su propia decisión de «exiliarse» refugiándose en la UNAM para retomar de tiempo completo sus tareas como profesor investigador, mientras pasaba la tormenta. En su caso nunca sucedió. El partido prefirió ignorar los tibios esfuerzos que Ímaz realizó para regresar, sobre todo en 2006, al intentar participar en la organización de las protestas contra el presunto fraude electoral. Los nombres de Ímaz o Bejarano, al margen de lo que dijeran los tribunales, eran para el PRD un doloroso recuerdo de uno de sus mayores escándalos; el partido prefirió no invocarlos. El profesor no regresó a la política activa. A lo largo de los siguientes años publicó media docena de libros sobre distintos pasajes de la historia política de la izquierda en América Latina. Hoy vive semirretirado en Cuernavaca.

Sheinbaum rehusó toda declaración pública a lo largo de estos acontecimientos, y después ha sido igual de parca para hablar al respecto. Recientemente, en el libro *El rey del cash*, de Elena Chávez, alguna vez esposa de César Yáñez, cercano colaborador de López Obrador, se afirma que al hacerse público el video de Bejarano, el entonces jefe de Gobierno llamó a su gabinete y preguntó si sabían de alguien más que hubiese visitado al empresario. «La voz de una mujer se escuchó en el grupo, era Claudia Sheinbaum, confesando que su esposo, Carlos Ímaz, entonces delegado de Tlalpan, también había visitado a Carlos Ahumada», escribe Chávez, y añade que esa noche se dieron a conocer las imágenes de Ímaz recibiendo el dinero.[6] Imposible confirmar la escena, porque quien lo escribe no estuvo presente y lo refiere presuntamente de oídas.

Claudia Sheinbaum ha precisado que ese pasaje es una mera invención.[7] En todo caso la secuencia de hechos es incorrecta, porque la exhibición del video fue varios días después de la propia aparición pública de Ímaz confesando su involucramiento; la supuesta reunión del presidente y su gabinete tendría que haber sido cinco días antes.

Al margen de la argumentación jurídica de la defensa de Ímaz, en términos políticos y hacia los suyos, él siempre sostuvo que el dinero recogido no fue resultado de negociaciones vergonzantes, sino en calidad de donaciones privadas, que siempre fue entregado a diversas causas del partido y que nunca fue utilizado en favor de su propio peculio. Más allá de las divergencias o no que hayan tenido al respecto, y al infierno que debió significar para la vida familiar durante esos meses, el matrimonió continuó 12 años más.

Lo cierto es que en términos políticos Claudia Sheinbaum logró mantenerse al margen de esa tormenta y, lo más impor-

---

[6] Laura Chávez, *El Rey del Cash. El saqueo oculto del presidente y su equipo cercano*, México, Grijalbo, 2022.

[7] Entrevista con el autor, 15 de marzo de 2023.

tante, su cercanía con López Obrador no se vio afectada, no obstante el deseo evidente del jefe de Gobierno de tomar distancia de todos los involucrados en este asunto. La científica de la UNAM terminó siendo de los funcionarios más importantes del gabinete y miembro por derecho a pertenecer al primer círculo del ahora presidente.

La derrota

El 29 de julio de 2005 Andrés Manuel López Obrador pidió licencia de la jefatura de Gobierno de la capital para dedicarse de tiempo completo a la precandidatura presidencial, casi un año antes de las elecciones. En un primer momento lo acompañó un grupo mínimo de colaboradores, al que se irían sumando poco a poco otros miembros. No fue el caso de Claudia, quien mantuvo sus responsabilidades bajo el gobierno interino de Alejandro Encinas casi hasta el final. Ella solicitó licencia el 15 de mayo de 2006, unas semanas antes de los comicios. Su tardía incorporación al equipo de campaña obedeció al hecho de que varias de las asignaturas especiales recibidas de parte de López Obrador se encontraban en proceso. Por otro lado, pese a sus habilidades en materia de organización, muchas de las actividades políticas propias de una campaña le resultaban ajenas. De manera formal se incorporó a la vocería del candidato días antes de las elecciones y se integró al círculo que lo rodeaba. Tras la derrota en la jornada electoral, Sheinbaum participó activamente en las jornadas de protesta de los siguientes meses, paro del Paseo de la Reforma incluido. En diciembre formó parte del gabinete del «gobierno legítimo» de López Obrador en calidad de titular de la Secretaría de Defensa del Patrimonio Nacional, en teoría el ministerio responsable de temas ambientales y protección del patrimonio.

Pese a todo, en los siguientes meses los lopezobradoristas entendieron que, por el momento, la aventura presidencial había terminado. En 2007 se reintegró a sus actividades académicas y universitarias, a diferencia de la mayor parte de sus colegas, que asumieron responsabilidades en el partido, en la estructura de Gobierno del Distrito Federal o en el Poder Legislativo. Sin embargo, nunca abandonó el contacto regular con López Obrador. En 2008 participó en las brigadas de mujeres conocidas como Adelitas, como parte del Movimiento en Defensa del Petróleo y contra el presunto intento de privatizar a Pemex.

El exilio académico

Claudia Sheinbaum buscó retomar la investigación y la producción científica donde la había dejado. Ahora tenía la ventaja de haber gozado de una enorme exposición institucional y la red de relaciones y reputación que ello supone. Sus temas no cambiaron, pero sí el alcance de sus colaboraciones y asesorías. Se unió al Panel Intergubernamental sobre el Cambio Climático (IPCC, por sus siglas en inglés), un grupo de expertos internacionales que desde 1988 operaban bajo la cobertura de la Organización de las Naciones Unidas (ONU). Tuvo la fortuna de que justo en ese año, 2007, el IPCC obtuviese el Premio Nobel de la Paz, compartido con Al Gore, exvicepresidente de los Estados Unidos, por sus contribuciones a la lucha contra el calentamiento global.

Su sabático político, siempre acreditada como investigadora en el Instituto de Ingeniería de la UNAM, se vio brevemente interrumpido por las tareas paralelas que realizó en apoyo del segundo intento de López Obrador para llegar a la presidencia. Y a pesar de que formaba parte del gabinete anunciado en caso de conquistar el poder en 2012, ocupando la cartera de Medio Ambiente y Recursos Naturales (Semarnat), los obradoristas entendían que sus posibilidades eran peregrinas. Y, en efecto, lo fueron. Tras el triunfo electoral de Enrique Peña Nieto (2012-2018), todos ellos regresaron a lo que estaban haciendo.

Llama la atención que Claudia no estuviera interesada en ocupar alguna posición en el Poder Legislativo. Su cercana relación con el líder nacional y la fuerza del PRD le habrían permitido ser senadora o diputada federal, de haberlo querido. Muchos de sus compañeros de partido encontraron en este espacio el limbo perfecto para esperar tiempos mejores. Su decisión tiene que ver con dos factores: por una parte, la carrera construida que ella tenía en torno a la investigación, y la pasión por sus temas, y por otra parte, su aversión a la política asociada a la grilla. Lo que a ella le atraía eran la administración pública y el diseño y puesta en marcha de proyectos públicos.

Y en efecto, entre 2007 y 2015, años dedicados esencialmente a la academia y a la consultoría de temas ambientales, sus actividades son relevantes. Además de su compromiso con el IPCC ya señalado, fue consultora del Banco Mundial y del Programa de las Naciones Unidas para el Desarrollo (PNUD). Formó parte del Consejo Económico y Social de la ONU, a través de su Comité de Políticas de Desarrollo.

Sin embargo, el paulatino descalabro de la popularidad de Enrique Peña Nieto —la repulsa a sus políticas públicas en un amplio sector social— mostró signos inequívocos de que habría una tercera oportunidad para el obradorismo. El PRI había regresado al poder tras el desencanto de 12 años de gobiernos panistas, pero no lo estaba haciendo mejor. Una llamada a escena para la izquierda.

En 2014 los obradoristas abandonaron el PRD para fundar Morena y al año siguiente estaban listos para disputar las elecciones intermedias, particularmente en la Ciudad de México. El hecho de que Miguel Ángel Mancera se hubiera quedado en el PRD y mantuviese una alianza política con el presidente Enrique Peña Nieto había convertido en oposición a los obradoristas dentro de la ciudad. El cambio de poder de las delegaciones, a mitad de sexenio, era un reto para el nuevo partido; eran comicios que darían cuenta del peso real en la nueva aventura.

Buscaron a sus mejores candidatos para hacerse de las delegaciones y Sheinbaum fue elegida para encabezar la fórmula de su barrio de siempre, Tlalpan. El 7 de junio de 2015 Morena obtuvo cinco de las 16 delegaciones, entre ellas la de Claudia, que, una vez más, debió hacer un paréntesis en el universo paralelo de la investigación y la asesoría científica.

Tlalpan (octubre de 2015-diciembre de 2017)

En teoría debió ser fácil gobernar la pequeña patria donde había crecido y vivido prácticamente toda su vida, el terruño que con toda razón el historiador Luis González llamó «la matria». La delegación de la cual Ímaz, quien seguía siendo su marido, había sido gobernador 10 años antes. Sin embargo, no fue sencillo en más de un sentido.

Paradójicamente, el mayor problema que enfrentó durante los dos años que duró en el puesto, pues pediría licencia para postularse a la jefatura de Gobierno de la Ciudad de México, fue de carácter retrospectivo. Una tragedia que caló muy hondo en el sentimiento ciudadano, durante el temblor del 19 de septiembre de 2017, tuvo lugar en el Colegio Enrique Rébsamen, en la colonia Nueva Oriental Coapa, de su delegación. Murieron 26 personas, 19 de ellas menores de edad. Un año antes el Instituto de Verificación Administrativa, perteneciente al gobierno de la ciudad, no a la delegación Tlalpan, dictaminó que el edificio sobrepasaba el número de niveles autorizados, y el expediente mostraba falsos documentos inexactos, aunque el edificio siguió operando. Los dictámenes posteriores determinaron que la tragedia, justamente, fue provocada por las fallas estructurales detectadas en aquella revisión. Aunque la responsabilidad en buena medida habría caído en las espaldas de las autoridades de la ciudad, el ataque mediático se cebó sobre la delegada a lo largo de la campaña a la jefatura de Gobierno, incluso desde la precampaña, cuando en la disputa por la candidatura de Morena el fuego amigo también mediatizó el asunto.

No fue la única crisis por la que pasó durante el periodo en que fue delegada. Otra de carácter personal resultó aún más penosa. Tras su nominación para encabezar Tlalpan, su matrimonio con Carlos Ímaz llegó a su fin. A instancias de él concretaron el divorcio de manera expedita en 2016. Lo cierto es que fue un difícil periodo personal y familiar, que debió encarar a la par con las responsabilidades como delegada.

Algunas fuentes señalan que, a mediados de su gestión en Tlalpan, Claudia acariciaba la idea de regresar a sus tareas en la academia, resultado quizá de los tensos momentos familiares por los que pasaba. La posibilidad de competir por la jefatura de la Ciudad de México, elección que tendría lugar en 2018, no estaba en la agenda, entre otras razones porque en círculos obradoristas se asumía que Ricardo Monreal era el candidato acordado para acompañar a López Obrador en las boletas que tendrían ante sus ojos los capitalinos.

La inesperada candidata

A principios de 2017 algo se descompuso en la relación entre el líder de Morena y Monreal. El exgobernador de Zacatecas presidía la delegación Cuauhtémoc y, a diferencia de Claudia, tenía varios años promocionándose para conseguir reemplazar a Miguel Ángel Mancera en el gobierno de la ciudad. Al parecer sus empeños resultaron excesivos a ojos de López Obrador, entre otras cosas al entablar relaciones directas, más cálidas de lo necesario, con secretarios de la administración de Peña Nieto, entre ellos el de Hacienda, José Antonio Meade, con el pretexto de gestionar recursos y obras para su delegación.

Lo cierto es que, al margen de Monreal, la lista de alternativas era corta. Salvo Claudia, el resto de los delegados en funciones eran de perfil más bajo, y entre los cuadros de Morena sobresalían Martí Batres, quien en ese momento no estaba en los mejores términos con López Obrador, y Alejandro Encinas, quien prefería abstenerse. Todo indica que, una vez más, Claudia no resistió el llamado de López Obrador.

Lo cual no significa que la disputa interna haya sido pan comido. Además de Sheinbaum y Monreal, compitieron Mario Delgado y Martí Batres. Los sondeos difundidos por periódicos y empresas encuestadoras colocaban a Monreal como favorito a lo largo de 2017, y el hecho de que Morena hubiera anunciado una encuesta como vía para elegir al candidato complicó las cosas. Todo indica que la estructura del partido y las campañas en redes sociales operaron en favor de la única mujer. Para agosto, cuando Morena finalmente hizo su levantamiento, los medios señalaban que Claudia había alcanzado o se encontraba muy cerca de la intención de voto de su rival. Los resultados oficiales del partido, anunciados el 24 de agosto de 2017, la declararon vencedora, entre duros cuestionamientos públicos por parte de Monreal. «Gané la encuesta, pero no gané la decisión de quien toma las decisiones», dijo entre otras cosas. A la postre, López Obrador intervino para evitar un desgaste mayor, como él mismo reconoció en un mitin, e invitó al zacatecano a conversar. En entrevista de Almazán a René Bejarano, este afirma que Monreal pidió a cambio de aceptar su derrota ser designado secretario de Gobernación si López Obrador ganaba la presidencia el siguiente año. «Andrés terminó cediéndole la candidatura de la Cuauhtémoc a alguien de su equipo y la coordinación del Senado».[8]

---

[8] Alejandro Almazán, *op. cit.,* p. 304.

La disputa por la ciudad

Con todo, la elección de Sheinbaum por parte de Morena y de Andrés Manuel López Obrador era una apuesta riesgosa. Lo afectaba a él, en particular, porque necesitaba un candidato atractivo que sumara votos para la elección del próximo año, en la que, en el mismo día, estarían en juego la presidencia y la alcaldía. En 2017 no había ninguna garantía de que Morena lograra alzarse con la capital, algo que parece absurdo visto en retrospectiva, pero no en ese momento. Por un lado, el PRD gobernaba la capital y el PRI el país; por el otro, dos años antes Morena sólo había obtenido cinco delegaciones, como se ha señalado, por seis del partido amarillo. Pero, sobre todo, el partido de Mancera y los llamados Chuchos tenían una candidata que, en papel, parecía formidable: Alejandra Barrales, mediática y carismática exlíder del sindicato de sobrecargos, con una trayectoria mucho más extensa y conocida que la de Claudia: había sido miembro de los gabinetes de Lázaro Cárdenas en Michoacán, y de Marcelo Ebrard y Miguel Ángel Mancera en el Distrito Federal, diputada y senadora, y en ese momento era presidenta nacional del PRD.

La candidatura de Barrales, sin embargo, se fue debilitando entre otras cosas por las pugnas internas entre el PRD, el PAN y el PRI. Cuando operaba todavía desde la presidencia del PRD, Barrales apoyó la postulación de Ricardo Anaya para competir por la presidencia, en lugar de Mancera, y este lo resintió. A la postre, fue abanderada del PRD, el PAN y Movimiento Ciudadano, pero en una alianza en la que, en realidad, ninguno de los partidos la consideró su propia candidata.

El 1 de julio de 2018 Sheinbaum logró una clara victoria al obtener 47% de los votos de Morena, el Partido del Trabajo (PT) y el Partido Encuentro Social (PES), por 31% de su rival. Su partido consiguió la mayoría en la Asamblea Legislativa con 37 de 66 escaños, y ganó 11 de las 16 alcaldías. Pero no puede pasar inadvertido, para lo que valga, que en la Ciudad de México 3.1 millones de personas votaron por López Obrador para presidente y sólo 2.5 millones por Claudia Sheinbaum para jefa de Gobierno. Es decir, 581 000 personas que ese día votaron por AMLO decidieron hacerlo por Barrales. Algo similar a lo que le había sucedido a Marcelo Ebrard 12 años antes.

La alcaldesa

Aunque Claudia Sheinbaum participó en el equipo que ayudó a López Obrador a elaborar el Proyecto Alternativo de Nación 2018-2024, es interesante contrastar la visión nacional impulsada por el presidente y los matices y peculiaridades del proyecto propuesto por la científica devenida en jefa de Gobierno de la capital. Muchas de las peculiaridades «locales» obedecen, desde luego, a las diferencias obvias entre una metrópoli y la heterogeneidad del resto del territorio nacional. Y es cierto que ambas visiones están dominadas por un fuerte contenido social que prioriza la atención a los sectores económicos desprotegidos. Pero es notorio el énfasis de Sheinbaum en aspectos esenciales de la agenda de una izquierda urbana moderna. El título del proyecto «La ciudad de la innovación y la esperanza» es en sí mismo un pronunciamiento. También lo es la frecuencia con la que aparecen las nociones de sustentabilidad, igualdad e inclusión, expansión de derechos humanos, sentido de la comunidad, medioambiente, construcción de ciudadanía.

Por otra parte, se observa que la noción de ciudad que ella propone abreva en sus antecedentes académicos y sus orígenes en las ciencias exactas. Detalladas menciones a la eficacia en la movilidad y el transporte, modernización del sistema de distribución de agua y captación de lluvias, inversión en tecnología para hacer más eficientes las mediciones, supervisiones, fugas y controles o seguridad pública. En algunos aspectos pecaba de optimismo o quizá se debía a que ella desconocía, al igual que el resto del mundo, la crisis pandémica que venía. Proponía convertir a la Ciudad de México en la «capital cultural de América», para lo cual se organizarían festivales culturales de relevancia internacional y una enorme cantidad de actividades comunitarias y arte callejero mediante una red de casas de cultura y 300 centros de innovación comunitaria dedicados a impartir talleres de artes y oficios, acoger clubes de libro y cine. Mucho de ello fue creado, efectivamente, pero sin los recursos para desarrollar que habría deseado.

Una ventaja en favor de Claudia Sheinbaum es que tuvo posibilidades de elegir prácticamente a todo su gabinete. Una mezcla de expertos y especialistas en sus respectivas materias y de colaboradores o personas de su confianza. Pudo hacerlo en gran medida porque la integración del gobierno federal y la multitud de escaños y curules conquistados por el obradorismo superaron con mucho la disponibilidad de sus cuadros administrativos y políticos.

Sin embargo, buena parte de su agenda debió quedarse en el tintero. La austeridad primero y la pandemia y sus secuelas después provocaron que sus más caros proyectos culturales o aspectos clave de su ambiciosa estructura de innovación quedaran menguados. Las decisiones políticas y administrativas del Ejecutivo federal y su impacto presupuestal dificultaron la puesta en marcha de algunas de estas actividades, aunque trajeron otras, como la de la reconversión de Los Pinos y el lanzamiento del complejo proyecto cultural y ambiental del Bosque de Chapultepec.

Imposible hacer un balance cabal de su administración en este espacio; entre otras razones porque su gestión aún no ha terminado. Pero podrían destacarse algunos claroscuros.

El Metro, paradójicamente, terminó siendo, hasta ahora, la mayor fuente de problemas y ataques mediáticos; pero, en sentido contrario, aunque se conozca menos, es también la mejor muestra de su sentido de responsabilidad como administradora

pública. De lo primero no hay ninguna duda: la tragedia de
la Línea 12 en mayo de 2021, el accidente también mortal de la
Línea 3 en enero de 2023 y el polémico rosario de «incidentes»
a lo largo de los siguientes días han sido, junto a la presunta
«radicalidad» de la funcionaria, tema recurrente de las críticas
de los adversarios políticos de la 4T.

Para efectos del gran público, la Línea 12, la mayor tragedia en la historia del Metro en la ciudad, en realidad repartió
culpas entre Marcelo Ebrard, cuya administración construyó la
obra, y la de Claudia Sheinbaum, responsable de la operación y
el mantenimiento. Los dictámenes terminaron atribuyendo los
problemas al diseño original y a las especificidades de los ma-
teriales de construcción. Sin embargo, la jefa de Gobierno fue
criticada por los medios, al entrar en disputa con la empresa
noruega, responsable del dictamen, por un tercer comunicado
que a juicio de Sheinbaum era inconsistente con los dos primeros peritajes. Sus críticos acusaron a la funcionaria de estar
más interesada en buscar versiones exculpatorias que la verdad.
Con todo, habría que decir que ambos, Ebrard y Sheinbaum,
superaron la tragedia. Un año después eran los favoritos en las
encuestas de intención de voto con bastante holgura y siguieron
siéndolo hasta ahora.

La tragedia en la Línea 3, en enero de 2023, en cambio,
sólo la afectó a ella. Las causas se atribuyeron esencialmente a
problemas de operación e insuficiencias presupuestales. Durante
un par de días la prensa y la opinión pública la acribillaron con
acusaciones sobre recortes presuntamente criminales a los recursos del Metro. Sin embargo, el análisis de los presupuestos es
engañoso; las partidas de mantenimiento siguieron tendencias
similares de los últimos sexenios, aunque cabría preguntarse si
frente a un proceso de envejecimiento los recursos destinados
han estado a la altura de las exigencias. La respuesta de las autoridades consistió en atribuir el incidente, y otros similares, a
acciones intencionadas con el aparente propósito de lastimar la

imagen de la 4T y en particular la de ella. La movilización de más de 6 000 elementos de la Guardia Nacional para proteger el Metro generó críticas de medios y adversarios por la supuesta militarización que ello supondría en el ambiente de la ciudad. Los usuarios, en cambio, parecieron recibir la noticia con alivio. En las siguientes semanas surgirían crecientes evidencias de que una parte de los incidentes obedecían, más que a una intencionalidad política, a hechos delictivos, particularmente en lo tocante al hurto de cables de cobre.

Sin embargo, las encuestas de intención de voto de las siguientes semanas posteriores a la tragedia muestran resultados ambiguos. La ventaja de Sheinbaum sobre sus competidores no sufrió en absoluto, lo cual revelaría que las críticas no hicieron cambiar de parecer a quienes la favorecen. Pero sí aumentaron las percepciones negativas de quienes la desaprueban.

Si el Metro ha sido el talón de Aquiles, también ofrece el mejor argumento en favor de Sheinbaum, aunque carezca del morbo de una mala noticia. Su administración decidió refundar por completo la Línea 1, con reparación completa de vías y trenes, y la construcción de una enorme estación eléctrica para asegurar el abastecimiento de los próximos años. Un proyecto que ha requerido más de la mitad del sexenio y 38 000 millones de pesos y constituye la obra pública más grande en la historia reciente de la ciudad. El tipo de obras que no suelen hacer los políticos porque toman mucho tiempo y enormes recursos y carecen del impacto político que supone una nueva infraestructura para presumir. En este caso, el esfuerzo va encaminado a mantener lo que se tiene y ahorrar a futuras administraciones un descalabro mayor.

El estilo Claudia

La percepción de que Claudia Sheinbaum se mimetiza con las posiciones y planteamientos de López Obrador sea por convicción o por estrategia política es real. Sin embargo, hay momentos o situaciones en las que se atisba su muy peculiar impronta.

Un caso fue la estrategia seguida en relación con el covid-19. Si bien el diseño de las políticas de prevención, atención y luego de vacunación fueron definidos por el gobierno central, las autoridades locales intervinieron en muchos aspectos. Sheinbaum decidió separarse de aquellas directrices que a su juicio no fueran las más convenientes para la ciudad. Quizá más simbólico, pero muy significativo, fue el hecho de que desde el inicio ella utilizó tapabocas, incluso en presencia de López Obrador, en momentos en que el presidente y su responsable para afrontar la pandemia, Hugo López-Gatell, claramente desestimaron esta medida, en ocasiones con mofa. En otra ocasión mantuvo el color naranja en el semáforo de riesgo epidemiológico en la capital, a pesar de que la autoridad federal pedía el cambio a rojo. De igual forma, introdujo ajustes en la logística para vacunar a la población, una campaña que resultó mucho más eficaz que en el resto del país. En un texto preparado para *The Economist* y publicado el 8 de noviembre de 2021, afirmó que para septiembre de ese año la Ciudad de México era una de las urbes con mayor coeficiente de vacunación en el mundo: 98.7% de los adultos habían recibido al menos una dosis y 74% contaban con dos. Ha padecido covid-19 dos veces: en octubre de 2020, antes de las vacunas, y en junio de 2022, al parecer sin mayores consecuencias.

Otro tema es la seguridad pública. Si bien hay una presencia considerable de miembros de las fuerzas armadas y de la Guardia Nacional, y no podía ser de otra manera tratándose del asiento de los poderes federales, es evidente la apuesta por una seguridad pública a través de la profesionalización de la policía. Es notorio su apoyo a su secretario en la materia, Omar García Harfuch, un profesional en criminología. La evolución favorable de los índices de seguridad en la Ciudad de México constituyen el principal argumento para considerar que optar por los militares no es la única opción en el país. Uno de sus primeros actos de gobierno fue ordenar la desaparición del Cuerpo de Granaderos.

El tema de las mujeres es también un ámbito de claroscuros para Claudia Sheinbaum. Si bien en su actitud y lenguaje muestra una sensibilidad que contrasta con las formas que suele utilizar López Obrador, las primeras manifestaciones del sexenio la dejaron mal parada frente al movimiento de las mujeres. La primera marcha del Día de la Mujer, el 8 de marzo en 2019, que terminó en duros reclamos a las autoridades y actos de vandalismo por parte de algunos grupos radicales, llevó al presidente a un primer posicionamiento dominado por la confrontación.

Da la impresión de que esto dejó a Sheinbaum entre la espada y la pared. Los intentos de conciliación desde una perspectiva sensible a un tema de género quedaban oscurecidos por el deseo evidente de no desautorizar las palabras del presidente, quien además de una provocación veía en las protestas una intervención de sus adversarios políticos. El siguiente año, en 2020, marcharon varias decenas de miles y al lunes siguiente convocaron a «un día sin nosotras». Para entonces, la profecía se había hecho realidad y la derecha intentaba convertir el día de las mujeres en un reclamo al gobierno de la 4T. López Obrador fue un cómplice involuntario al abordar desde las mañaneras ese mismo enfoque, al asumir que la beligerancia de las manifestantes constituían un ataque a él y a su proyecto. Muchas mujeres sin bandera política, la mayoría, asumieron que el presidente no comprendía su causa. Sheinbaum la entendía, sin duda, pero en este conflicto parecía rebasada. Unas semanas más tarde comenzó la pandemia y las campañas de distanciamiento terminaron por enfriar el ambiente. Dos años más tarde, el 8 de marzo de 2022, volvieron a marchar decenas de miles, pero ahora el gobierno de la ciudad estaba preparado. Las fuerzas del orden desplegadas eran en particular mujeres, algunas incluso marcharon con las manifestantes e intercambiaron flores. El presidente no abandonó del todo su perspectiva, pero el paréntesis la había matizado notoriamente. Lo suficiente para que Sheinbaum pudiera encarar el tema con menos presiones.

Las intermedias

En los códigos contables de la política, quien sale derrotado como local afronta una pesada factura en su haber político. En 2021 la ciudad gobernada por Claudia Sheinbaum dio la espalda al partido en el poder. Nueve de 16 alcaldías fueron ganadas por la oposición, particularmente aquellas habitadas por sectores medios y altos. Las razones por las cuales Morena perdió la mitad occidental de la capital son complejas, pues atienden a la mezcla de varios factores. Probablemente el más significativo remite al gobierno federal, más que al local. El presidente decidió priorizar a tal punto la lucha contra la pobreza que optó por dejar de lado otras reivindicaciones progresistas. Pero lo que parecía una decisión táctica terminó siendo percibida como una posición ideológica; en algún momento comenzó a desdeñar las otras banderas e incluso a enfrentarse a ellas. Algo inexplicable, porque en la luna de miel que se había extendido 25 años entre los sectores medios de la capital y el movimiento político que hoy encabeza López Obrador estaban emparentadas agendas de justicia social con las del movimiento feminista y diversidad sexual, temas de medioambiente, acceso y difusión de la cultura, activismo por los derechos humanos y un largo etcétera. La Ciudad de México fue punta de lanza para el resto del país al mismo tiempo que se convirtió en bastión político de la izquierda representada por el PRD, primero, y por Morena, después, pero el abandono parcial de todas las necesidades que no fuesen las de los sectores populares y más tarde la confrontación explícita por parte del presidente (con las feministas, con sectores de académicos, con las clases medias «aspiracionistas») provocaron una ruptura de esa alianza implícita.

Un subcapítulo particularmente penoso para Claudia Sheinbaum sería la confrontación de la 4T con la comunidad científica y universitaria. Las fricciones del Consejo Nacional de Ciencia y Tecnología (Conacyt) con los investigadores y cuadros dirigentes previos (acusaciones de delincuencia organizada incluidos), el asalto al Centro de Investigación y Docencia Económicas (CIDE), el desencuentro entre el fiscal Alejandro Gertz y el Sistema Nacional de Investigadores (SNI), y los muchos reclamos desde las mañaneras a los intelectuales, a los cuadros de la UNAM, a los que ostentan un título universitario o un posgrado, terminaron por crear un ambiente crispado entre la comunidad a la que originalmente pertenece Sheinbaum y la corriente política en la que ahora milita. En septiembre de 2021 pronunció su propio deslinde al señalar que creía un exceso el cargo de delincuencia organizada impuesto a los científicos: «Tiene que hacerse esa investigación, si es que se ha encontrado que hubo un mal manejo de recursos, como cualquier otra investigación si es que hubo este mal manejo, o que presuntamente hubo mal manejo», pero confirmó que su posición personal era la de considerar un exceso tal acusación.[9]

Si bien en la arena pública el presidente explicó la derrota a partir de la traición de las clases medias, hacia el interior de las filas morenistas cuestionó duramente lo que a su juicio había ocasionado el voto negativo: el descuido del trabajo político en la ciudad. Más aún, señaló que él mismo solventaría el proble-

---

[9] *Revista Expansión*, 21 de septiembre de 2023. Consultado en https://politica.expansion.mx/cdmx/2021/09/23/acusar-a-cientificos-de-delincuencia-organizada-es-excesivo-afirma-sheinbaum.

ma involucrándose más en este asunto. El efecto fue inmediato. El más visible fue la instalación de Martí Batres en la Secretaría de Gobierno, leída por muchos como un coscorrón a la jefa de Gobierno. Hasta entonces ella había tenido la atribución absoluta para definir esta, que es la posición política más importante en su administración, y había sido desempeñada con poco brillo por figuras de su confianza. Batres, en cambio, no sólo encabeza otra de las «tribus» de la izquierda, además había tenido roces con ella al competir por la precandidatura de Morena en 2017. Sheinbaum se disciplinó y terminó haciendo de la necesidad una virtud. Habría limado sus diferencias con Martí y hoy en día se entiende que es un aliado de ella para alcanzar la candidatura presidencial. Por lo demás, a partir de ese momento la jefa de Gobierno incrementó sus actividades políticas con más recorridos de campo y eventos públicos, y continuas referencias a los logros de la Cuarta Transformación.

El inventario de la obra pública de la administración de Claudia Sheinbaum incluiría también una tarea importante en educación superior, con dos universidades públicas que habrán de beneficiar a cerca de 40 000 estudiantes. Mucho más llamativa aún ha sido la novedad de dos líneas de Cablebús que surcan el cielo de la capital, la renovación de bicicletas públicas y ciclovías, y el fortalecimiento de trolebuses eléctricos con 200 nuevas unidades. En el ejemplar de la revista inglesa antes citada, presumió que México era la ciudad con mayor cobertura de internet gratuito en el mundo.

En el mismo tenor, su administración ha anunciado la construcción de la planta solar más grande del mundo instalada dentro de una ciudad, con una superficie de 230 000 metros cuadrados, para la generación de 25 GWh al año.

Lo que viene

Los días y buena parte de las noches pertenecen a la vida pública y a las obligaciones a las que la funcionaria se ha entregado. Si su noción de responsabilidad se traducía en horarios de seis de la mañana a 10 u 11 de la noche, las exigencias de la precampaña disparada por López Obrador con tanta anticipación han condenado también los fines de semana que antes solía dedicar a la vida en casa, un hogar formado en este momento con su pareja desde hace siete años, Jesús María Tarriba Unger. Se trata de un excompañero de la vida estudiantil, ahora doctor en Ciencia Física por la UNAM, quien trabaja como analista de riesgos financieros en el Banco de México. Se reencontraron en Facebook luego de no verse durante décadas y volvieron a frecuentarse después de su divorcio. Hace unos meses anunció planes de boda, sin fijar fecha, a celebrarse, presumiblemente, antes de las elecciones presidenciales. La relación de pareja con una persona ajena a la actividad política debió ser un respiro frente a la intensidad de las responsabilidades públicas y la oportunidad de cultivar sus otras aficiones. En la época en que conoció a Tarriba se tatuó una flor en el tobillo y unas pequeñas mariposas en la espalda. Su hija, Mariana Ímaz Sheinbaum, es historiadora por la UNAM con máster en Teoría de la Literatura y Literatura Comparada en la Universidad de Barcelona; tiene estudios de doctorado en Filosofía por la Universidad de California. Es profesora en la Facultad de Filosofía y Letras, donde imparte la materia de Historiografía. Su hijo, Rodrigo Ímaz Alarcón, es artista plástico y documentalista.

Claudia Sheinbaum entra en la recta final de la contienda con la etiqueta de favorita del presidente. La etiqueta que se transforma en tiro al blanco para medios de comunicación y adversarios. Una bendición que en ocasiones deviene en condena. Quizá por ello son visibles los esfuerzos que ha hecho López Obrador para salir al paso en las ocasiones en que ha sido más atacada. Sin duda es la rival a vencer para el resto de los aspirantes a la silla presidencial. Por lo mismo, la presión dentro y fuera será brutal en la recta final que terminará en junio de 2024. Los riesgos están a la vista. La niña que sabía hacer las cuentas más rápido en su salón de clases, la joven que ponía su ingenio en mejorar las estufas de leña, se encuentra a los 60 años con la posibilidad de convertirse en la primera mujer en dirigir los destinos de México y, quizá más importante, de darle a la izquierda una nueva oportunidad.

4. MARCELO EBRARD Y EL DILEMA

En 2006 era el favorito de Andrés Manuel López Obrador, al grado de convertirse en su sucesor en el gobierno de la capital; en 2012 fue su rival en la lucha por la candidatura a la presidencia. Hoy no es ni una cosa ni la otra. Una competidora va adelante en las encuestas y Marcelo Ebrard no es el delfín del presidente ni el candidato natural del obradorismo. Sin embargo, nadie puede descartar a este hombre que políticamente ha tenido casi tantas vidas políticas como el propio López Obrador. Antes de que termine el año sabremos si, igual que el tabasqueño, tal perseverancia lo conduce a Palacio Nacional.

Los hijos de Marcelo y Marcela

Los Ebrard vienen de un pueblo de los Alpes en el extremo este de Francia, los Casaubon proceden del extremo opuesto, una villa pegada al Atlántico, cercana a Biarritz, no muy lejos de la frontera con los vascos. Sus antecesores paternos se dedicaban al pastoreo ovejero en la montaña y a la venta de lana, pero con la industrialización y los productos baratos traídos de Inglaterra terminaron quebrados. A lo largo del siglo XIX casi todo el pueblo emigró a México, afirma Marcelo. Su tatarabuelo fue el primero de los Ebrard que llegó al país. La familia de su madre vino mucho más tarde. Su abuelo arribó en 1907 o 1908 y se dedicó a los negocios, «un hombre muy trabajador»; su abuela materna era un ama de casa cariñosa y estricta a la vez.[1]

Su padre, Marcelo Ebrard Maure, era un arquitecto de profesión, devenido comerciante, y su madre, Marcela Casaubon, se dedicó a la familia; ambos ya fallecidos. Marcelo nació el 10 de octubre de 1959 y es el segundo de ocho hijos, distribuidos en una curiosa proporción: Lourdes es la mayor y única mujer, seguida de siete hermanos: Marcelo, Alberto, Francisco, Fernando, Eugenio, Enrique y Fabián. Aunque ella es apenas un año mayor que Marcelo, en algún momento la composición fraternal debió recordar una escena de Blanca Nieves y sus siete acompañantes.

No es la única peculiaridad en la familia, además del anecdótico hecho de que los esposos se llamaran Marcelo y Marcela. El padre de Marcelo y su hermano se habían casado con dos hermanas, lo cual tuvo dos consecuencias: por un lado, que hubiese dos hornadas con los mismos apellidos, pues Marcelo y sus primos son Ebrard Casaubon. Y por otro, que inevitablemente la relación entre las dos familias, vinculadas por partida doble, derivara en un clan. Una familia muy unida, recuerdan sus amigos de infancia.

Igual que Claudia Sheinbaum, él también creció en el sur de la Ciudad de México, pero en su caso en Coyoacán. Vivía apenas a cuadra y media de su escuela primaria y él recuerda la vida de barrio casi como la de un pueblo. Enfrente de su casa había un establo que vendía leche y quesos, y su vecino era el Indio Fernández. Una época anterior a los edificios de depar-

---

[1] Tomado de Alejandro Páez, «Marcelo Ebrard Casaubon, el pragmático imperfecto», capítulo del libro *Los suspirantes 2012*, Jorge Zepeda Patterson (coord.), México, Planeta, 2011. Para algunas citas y datos he recurrido profusamente a esta investigación para dar cuenta de los datos familiares biográficos, pues proceden del relato del mismo Ebrard respecto a su infancia y su juventud en entrevista directa con Páez, realizada en diciembre de 2010. Posteriormente el autor publicó una versión ampliada de este perfil en *Presidente en espera*, Planeta, 2012.

tamentos que comenzaron a brotar en los predios libres y en los
que dejaban las casas que pasaban a mejor vida. Posteriormente la familia se trasladó a otra zona del sur, a la calle Progreso,
en San Ángel, que con sus empedrados y sus pequeños comer-
cios debió ofrecer hace 45 años también un ambiente provin-
ciano, aunque en general más próspero y homogéneo que el de
Coyoacán. El traslado debió haber sido motivado en gran parte
por razones prácticas. Los padres decidieron inscribir a su prole
en el colegio lasallista Simón Bolívar de la calle Augusto Rodin,
detrás del cine Manacar en Insurgentes. Una distancia que no
era menor, poco menos de cinco kilómetros, pero casi en línea
recta por avenida Revolución.

Pupitres benditos

El Colegio Simón Bolívar es una institución privada, presidida
por los Hermanos de las Escuelas Cristianas, o lasallistas, que
imparten una educación basada en «un sistema de trabajo lasallista y espiritualidad franciscana», afirma su página de internet. Una agrupación que debe su nombre a su fundador: Juan
Bautista de la Salle, que en el siglo XVII tuvo la idea de crear
escuelas en las que los hijos de los artesanos y de los pobres se
educaran de manera gratuita, para lo cual formó una agrupación de hombres solteros que vivieran la vida de sobriedad y
espiritualidad de los primeros cristianos, aunque no necesariamente pertenecieran al clero. Con el tiempo dieron lugar a una
corriente pedagógica de fuerte inspiración cristiana, aunque
no confesional. Los esposos Ebrard debieron tener confianza
en una institución que, además de comulgar con sus creencias
religiosas, tenía un inconfundible origen francés. Marcelo y sus
hermanos estudiaron el resto de la primaria y la secundaria en
el colegio y siguieron siendo fieles a la marca al trasladarse a la
preparatoria de la Universidad La Salle, en la colonia Condesa.

De la juventud, un amigo y posterior colaborador, Ricardo Cervera García, recuerda que «Marcelo era el mayor de los hombres y por lo tanto tenía un papel muy importante. Era muy apegado a la vida familiar y yo siento que, a lo lejos, a la distancia, seguramente el papá, pero sobre todo la mamá era la que articulaba su mundo. Mucha vida con los primos; era una familia muy cercana».[2] Varios de los hermanos de Marcelo tenían inclinación hacia las artes, en particular Fernando, fallecido a los 45 años en 2010. Otro, Francisco, heredó del padre los genes de comerciante y desde pequeño puso un criadero de codornices en el patio mismo de la casa. Ninguno se dedicó a la política o a la administración pública.

Fue en la preparatoria donde Marcelo comenzó a mostrar vocación de líder e interés en temas políticos y sociales. Terminaba el sexenio de Luis Echeverría (1970-1976) y estaba a punto de comenzar el de José López Portillo (1976-1982), último intento de hacer funcionar las premisas del desarrollo estabilizador y estatista que había dominado desde la posguerra. Ahí conoció a un puñado de amigos con los que compartió novedades y ganas de formar parte de lo que tuviese que venir. «Era un grupo bastante sano», recuerda Cervera. «El chiste era ir a desayunar ahí al Vips que está en San Antonio y Revolución [...]. Aunque se consumía probablemente una botella de Bacardí en una noche, pues éramos un grupo como de 10 o 12 gentes. Realmente se tomaba poco. Y así nos pasábamos los viernes. Íbamos mucho al cine, íbamos mucho al teatro, era una época en la que México tenía una oferta cultural interesante pese a ser todavía un país cerrado».

Desde entonces, continúa Cervera, Marcelo tenía proyectos en la escuela y para ponerlos en marcha organizaba a sus amigos.

---

[2] Recuerdos de René Cervera García, amigo de Ebrard de la juventud y posterior colaborador durante décadas. Entrevista de Alejandro Páez, *Los suspirantes 2012, op. cit.*

A veces te hablaba a las siete de la noche y te decía: vamos a vernos mañana domingo porque hay que ver lo de la colecta de papel periódico. Y yo le decía: oye, pero mañana es domingo, ¿por qué? Y ahí íbamos. O nos citaba en la tarde, para mí era muy complicado ir a la preparatoria; yo vivía en Villa Coapa, él vivía en San Ángel y de repente se le ocurría que nos teníamos que ver en la prepa que estaba en la Condesa y para mí esos traslados eran muy complicados porque éramos estudiantes... era así como de locos, pero ahí andábamos. Tuvimos la oportunidad de organizar las tradicionales colectas de papel periódico y para nosotros era muy importante el destino que se le daba a esos recursos. Siempre buscamos que lo que se colectara de papel periódico se fuera en una parte muy importante a una obra pionera de los lasallistas en la Sierra de Puebla, en una comunidad campesina que se llama Ayahualulco.[3]

El Colegio de México

A los 17 años Marcelo decidió hacer su licenciatura en El Colegio de México (Colmex) y ahí conoció a dos personas que cambiarían su vida. Francesca Ramos Morgan, primera esposa y madre de tres de sus hijos, y Manuel Camacho. Bueno, no sólo a ellos, también a varios intelectuales y académicos de izquierda que con intermitencias formarían parte de su equipo en los siguientes años. Se inscribió en el Centro de Relaciones Internacionales del Colmex y en los primeros años se dedicó de lleno a los estudios. Era el momento de mayor prosperidad y prestigio de esa institución. El Colmex no era nuevo, pero lo parecía. Había nacido en 1940, como evolución de la antigua Casa de España en México, destinada a ser refugio natural

[3] *Idem.*

para los intelectuales y académicos republicanos refugiados en el país por Lázaro Cárdenas. Con Alfonso Reyes a la cabeza durante los primeros 20 años, la institución se acreditó como un bastión del pensamiento y la publicación de trabajos seminales en historia, ciencias sociales y economía. En 1976 Echeverría le imprimió un renovado espaldarazo con la construcción de las instalaciones del Ajusco, con un presupuesto, infraestructura y biblioteca que lo hacían capaz de competir con instituciones del primer mundo. Además de impulsar el objetivo primario, la investigación social, el propósito adicional era ofrecer maestrías y doctorados con la calidad necesaria para preparar los nuevos cuadros para la vida pública e intelectual de México sin necesidad de recurrir al extranjero.

El Centro de Relaciones Internacionales, en el que Ebrard se inscribió, era de las pocas opciones que el Colmex tenía para el nivel de licenciatura, el resto eran posgrados. El dato es importante porque estar en una comunidad en la que la mayor parte de los miembros estudiaban y enseñaban en niveles superiores debió ser un desafío y un caldo de cultivo inmenso para un joven inquieto. Pese al nombre, el de Relaciones Internacionales era el programa que ofrecía la licenciatura en Política y Administración Pública. Desde aquel entonces Ebrard parecía saber exactamente qué quería. Manuel Camacho fue su guía y puerta de entrada.

Camacho a escena

La relación con Camacho fue prácticamente inmediata.

Cuando hice mi examen para entrar a El Colegio de México éramos 500 aspirantes. Yo dije: «No pues va a ser difícil entrar aquí». Al final seleccionaron a 23. En la mesa que te examinaba, porque era un examen oral, estaba Manuel Camacho.

Ahí lo conocí. Era muy estricto y joven. Estamos hablando de 1977. Él acababa de regresar de Princeton y había escrito un texto muy famoso para nuestra generación que se llamó *Los nudos históricos del sistema político mexicano* […], entonces fue una relación de alumno a maestro […]. En El Colegio hacíamos muchas evaluaciones de la política mexicana, todo el tiempo era pensar qué está pasando y hacia dónde debe ir el país. Y por qué. Claro que hay algunos a los que les interesa más que a otros. Había compañeros a los que les interesaba más la política exterior. Entonces eso hizo que se diera una buena relación. Fue entre 1977 y 1981.[4]

Manuel Camacho era más que un profesor. Había sido condiscípulo y amigo de la juventud de Carlos Salinas y en algún momento se convertiría en brazo derecho en la trayectoria de quien sería presidente. Cuando Ebrard lo conoció, Camacho llevaba un buen tramo recorrido. Hijo de un militar encumbrado, había entrado al PRI a los 19 años y ocupado varias posiciones entre los cuadros juveniles del partido. Tras titularse como economista por la UNAM, en donde tendría como condiscípulos a varios que años más tarde serían compañeros de gabinete, fue analista por el Banco de México, asesor del director de Nacional Financiera y consultor del titular de la Secretaría de Educación Pública, Fernando Solana, todo eso antes de cumplir 33 años. Esta trayectoria no es ajena al apoyo de su entonces suegro, Manuel Velazco Suárez, gobernador de Chiapas (1970-1976). Es decir, durante los cuatro años a los que Ebrard hace referencia a su maestro, Manuel Camacho, en realidad este era un funcionario de segunda parrilla en la élite política y en la primera línea del relevo generacional que se avecinaba.

A finales de 1981, recién salido de su licenciatura, Ebrard recibió la llamada. No fue el único; Manuel Camacho necesi-

---

[4] Marcelo Ebrard en entrevista con A. Páez, *op. cit.*

taba equipo. Era el segundo de Carlos Salinas, quien en su calidad de subdirector del Instituto de Estudios Políticos Económicos y Sociales del PRI era responsable de elaborar el plan de gobierno que presentaría Miguel de la Madrid en la campaña presidencial de los siguientes meses. Salinas y Camacho se convirtieron en ideólogos durante la campaña y en el arranque del sexenio de lo que sería la administración delamadridista (1982-1988). Se pretendía un giro de timón con respecto al estatismo impulsado por el gobierno de José López Portillo (1976-1982).

Al arranque del sexenio de Miguel de la Madrid, y con apenas 23 años, Marcelo Ebrard se encontraba en los cuernos de la luna. Era asesor del subsecretario de Desarrollo Regional, Manuel Camacho, en la Secretaría de Programación y Presupuesto (SPP), la dependencia más poderosa del gobierno. De ahí había salido De la Madrid para ocupar la presidencia y de ese lugar saldrían los dos siguientes huéspedes de Los Pinos: Carlos Salinas y Ernesto Zedillo.

La SPP constituía la fusión de la antigua Secretaría de la Presidencia y de la mitad de la de Hacienda, la mitad más importante. Hacienda se quedó con la recaudación, la de Carlos Salinas se quedó con la chequera para distribuir el gasto. Pero más importante aún, el sexenio de Miguel de la Madrid fue el primero en el que los economistas y los criterios económicos desplazaron a la política como el eje rector de la gobernanza del país. Dicho de otra manera, los que manejaban la chequera se convirtieron también en los que terminaron tomando buena parte de las decisiones políticas.

Manuel Camacho no sólo era uno de los principales alfiles de Carlos Salinas, además de amigo de la juventud; era también el ideólogo del grupo, el responsable de la filosofía política y del discurso del cambio modernizante en términos sociológicos y democráticos, paralelos a las teorías de apertura económica que aportaban sus colegas. Un grupo de cachorros de la Revolución y adjuntos, con cursos y posgrados en el extranjero, que se sentían portadores de un nuevo orden, y capaces de hacer el relevo del anquilosado régimen que había hecho crisis en el sexenio anterior. El de Miguel de la Madrid sería el periodo de transición y en el siguiente comenzaría la modernización y la apertura del país de la mano de ellos.

El geniecillo de los lentes

Para Marcelo Ebrard fue un intenso curso de economía y estrategia política. Días sin horarios, cargados de bomberazos para responder a una gira del secretario o del subsecretario, para elaborar una ponencia a lo largo de la noche, para diseñar un plan de emergencia ante una crisis política. Durante un tiempo hizo exclusivamente trabajo de gabinete. Pero poco a poco comenzó a involucrarse en la negociación política: la entrevista con funcionarios de un gobierno estatal para explicar, convencer y palomear un proyecto, una resistencia. En 1984, además, se dio la manera de cursar, a fuerza de idas y vueltas, una especialidad en Administración Pública en el entonces Institut d'Administration Publique, perteneciente a la École Nationale d'Administration, en París, Francia. Ambas instituciones ya desaparecidas.

Es un tiempo en el que el joven funcionario conoce a personajes que se convertirán en protagonistas de primer nivel en los siguientes años. Patricio Chirinos, entonces jefe de delegados de la SPP y posteriormente secretario de Estado, le llama «el geniecillo de los lentes». Carlos Rojas, subsecretario, aprecia sus intervenciones.

Estando todavía en la SPP, Ebrard recibe la encomienda de elaborar una estrategia para lanzar el Movimiento Ecologista de México (MEM). Además del programa y la agenda, propone una vía para incorporar la participación de los ciudadanos a través de células arraigadas en la sociedad civil, a lo largo del territorio. Una idea de organización que con pocos cambios ha sobrevivido incluso hasta estos días, en que el actual canciller propone una estructura social paralela a la de Morena.

La capital, capítulo I

El sismo de 1985 dio un vuelco en la vida profesional de Camacho y, por consiguiente, de Ebrard. El presidente Miguel de la Madrid reconoció que las secuelas del temblor habían rebasado al gobierno y actuó en consecuencia. A principios de 1986, cinco meses después de la tragedia, desplazó a Manuel Camacho, hasta entonces subsecretario de la SPP, y lo designó titular de la Secretaría de Desarrollo Urbano y Ecología (Sedue) en sustitución del arquitecto Carrillo Arena. Necesitaban a un político para negociar, no a un diseñador de edificios. Ebrard se muda con el equipo de su jefe y nominalmente se hace cargo de la Unidad de Información Documental. Pero sus funciones fueron otras. A sus 26 años formó parte del núcleo de funcionarios encargados de bregar con los movimientos organizados (y desorganizados) que habían surgido como secuela del sismo. La experiencia para Marcelo es interesante no sólo porque constituye su primer acercamiento a las tripas de la ciudad, también porque será testigo e interlocutor del ambiente que da lugar al surgimiento de varias tribus que posteriormente formarían el PRD. Nuevos líderes sociales que habían salido a encabezar las inconformidades de barrios bravos cargados de agravios no resueltos, comerciantes ambulantes desplazados, organizaciones de damnificados.

En 1987 la revolución les hizo justicia y el jefe del grupo, Carlos Salinas, fue designado candidato oficial a la presidencia por el PRI. Sin embargo, el beneficio no fue inmediato. El nombre de Camacho había surgido en la pasarela como posible precandidato y Salinas no lo tomó de la mejor manera. El breve distanciamiento no pasó a mayores y tras la elección de Salinas, Manuel Camacho se convirtió en secretario general del PRI durante unos meses. En ese sentido, a Ebrard le tocó jugar en las fuerzas contrarias al Frente Democrático Nacional que encabezaría Cuauhtémoc Cárdenas para oponerse al candidato oficial y que reclutaría a Andrés Manuel López Obrador para competir por Tabasco. Tras las elecciones ambas fuerzas se declararon vencedoras en la jornada electoral. Habría que reconocer que desde el PRI Camacho fungió como «el policía bueno» del salinismo en esta coyuntura; dirigió los intentos de negociar una salida al conflicto electoral, pero las conversaciones no fructificaron. La resistencia tampoco, por la negativa de Cárdenas a continuarla, pero 1988 quedó como el parteaguas para la ruptura con el régimen y el surgimiento de una disidencia partidista de izquierda. En ese momento Marcelo militaba del otro lado.

La capital, capítulo II

Al tomar posesión en diciembre de 1988, Carlos Salinas designó a Camacho jefe del Departamento del Distrito Federal, y Ebrard, ahora de 29 años, se convirtió en su factótum. Al arrancar el sexenio era uno de los dedos de la mano del ahora alcalde; al terminar, era la mano. Sucesivamente fue director general el primer año, secretario general del PRI en el Distrito Federal otro año, y los siguientes dos, secretario general de Gobierno.

Como número dos de la ciudad, Ebrard recibió la consigna de recuperar el voto de la capital para el PRI, pues esta había sufragado por Cárdenas en la elección de 1988. Óscar Manuel Argüelles —quien se uniría a su equipo años más tarde— era funcionario de comunicación social de Salinas, y en esa época conoció de cerca a Marcelo, afirma que al regresar a la ciudad como secretario general de Gobierno «era otro. Regresó con todo el poder. La sensación era esa: este es el hombre».[5] Había razones para creerlo así, porque la aritmética era simple: Camacho parecía ser el número uno entre los salinistas, y se asumía como próximo presidente del país, y Ebrard era el número uno entre los camachistas. Nada mal considerando que apenas tenía 33 años. Argüelles especula: «Si Manuel Camacho hubiera sido presidente, no tengo duda de que Marcelo sería el siguiente. Para estas fechas Ebrard ya sería expresidente».

El equipo compacto

Para entonces era claro que el grupo político camachista se preparaba para tomar el relevo de la presidencia del país. Jenaro Villamil apunta que «con el paso de los años, Ebrard formó un subgrupo dentro del "grupo compacto" en torno a Camacho». Fue sumando a personajes como Alejandra Moreno Toscano, Enrique Márquez, Fernando Silva Nieto, Ignacio Marván. Incorporó, además, a compañeros lasallistas como René Cervera García, considerado como «la conciencia», y al estratega y urbanista Efraín de Gyves Betanzos.[6]

Para desgracia del grupo, el fin de sexenio resultó catastrófico. En noviembre de 1993 el PRI designó a Luis Donaldo Colosio como su abanderado presidencial. Manuel Camacho tomó como una ofensa personal nunca recibir una explicación de su amigo el presidente; más importante aún, lo asumió como una diferencia política en las visiones que uno y otro esgrimían. Renunció a la jefatura del Distrito Federal. Carlos Salinas lo sentó a

---

[5] Citado por A. Páez, *op. cit.*

[6] Jenaro Villamil, «Marcelo y las paradojas del "equipo compacto"», publicado en el blog *Medios, política y diversidad sexual,* 19 de marzo de 2011. Consultado en https://jenarovillamil.wordpress.com/2011/03/19/marcelo-y-las-paradojas-del-«equipo-compacto»/#more-2886.

negociar y de alguna manera consiguió retenerlo designándolo secretario de Relaciones Exteriores. Inmediatamente Marcelo asumió la subsecretaría A del ramo. Duraron menos de dos meses, 43 días para ser exactos. El levantamiento del Ejército Zapatista de Liberación Nacional (EZLN) el 1 de enero de 1994 modificó el panorama. Entre duros debates internos, Salinas decidió optar por la negociación y evitó los llamados a la represión. Camacho habría sido clave para convencer a Salinas de no dar una respuesta violenta. No sólo eso; se ofreció a hacerse cargo para solucionar la crisis y el 10 de enero renunció a su puesto como canciller. Al separarse del gabinete y aceptar un rol como comisionado de paz, se hacía elegible para poder participar en los comicios que exigen seis meses de licencia antes de la jornada electoral. En esta ocasión tendría lugar hasta agosto, en lugar de julio. Quizá no era el objetivo primordial de Camacho, pero dio pie a la interpretación de que, pese a todo, seguía vigente la posibilidad de convertirse en candidato presidencial.

Por peregrina que pareciera, las columnas políticas jugaban con la posibilidad de que Salinas cambiara de parecer, que la campaña de Colosio se desplomara o algún escándalo lo hiciera impresentable. Lo cierto es que Camacho confiaba en conseguir un triunfo espectacular en sus negociaciones con el EZLN y salvar al gobierno de una crisis por demás incómoda. En cierto sentido lo hizo, porque la guerra nunca estalló. En los siguientes meses mantuvo querellas públicas con Colosio, lo cual fortaleció la interpretación de que se trataba de un rival que aún disputaba la candidatura. Esto último terminó costando la carrera a Camacho, y por ende a Ebrard, cuando Colosio fue asesinado. La reacción de los priistas en contra de Camacho, abucheado durante el funeral, fue el principio del fin en las aspiraciones de ese grupo político.

Primer exilio

Manuel Camacho y Marcelo Ebrard renunciaron al PRI en 1995, tras la elección de Ernesto Zedillo. El grupo compacto y el menos compacto quedaron rotos momentáneamente y la mayoría de sus miembros intentó retomar antiguas vocaciones o nuevos proyectos. Poco tiempo después Marcelo, en compañía de José Ángel Ávila, fundó un despacho de asesoría política, pero corrió con poca fortuna. Más suerte tuvo cuando consiguió que el Partido Verde lo adoptara para conseguir una candidatura como diputado federal de 1997 al 2000. Conocía de cerca a la familia González Torres, regenteadores de esa fuerza política. Sus antecedentes en el diseño de temas ambientales en la SPP y luego en la Ciudad de México lo habían familiarizado con esa corriente. Por lo demás, en el sexenio anterior Carlos Salinas había buscado el restablecimiento de las relaciones con El Vaticano y entregó la encomienda a Camacho y este a Ebrard. El hoy canciller se apoyó, entre otros pero muy particularmente, en Enrique González Torres, influyente jesuita a punto ser designado rector de la Ibero (1996-2004).[7]

La diputación salvó a Marcelo del ostracismo y, más importante, sería el puente para, a la postre, vincularse a López Obrador. Profundamente crítico del zedillismo, fue uno de los diputados que más cuestionó al Fondo Bancario de Protección al Ahorro (Fobaproa), el rescate bancario con recursos públicos, cuya denostación había tomado el tabasqueño en calidad de cruzada. La franca oposición de Marcelo desde la tribuna legislativa lo puso en la mira del ahora presidente. Tras un año de fungir como diputado del Verde, se declaró independiente y como tal terminó su periodo.

Los camachistas intentaron regresar a la política por todo lo alto con la fundación del Partido de Centro Democrático (PCD), que intentaba mostrarse como una opción intermedia

---

[7] *Idem.*

entre el PRI y el PRD. El trabajo de organización entre 1997 y 1999 fue descomunal. Vuelven a la casa de los abuelos de Marcelo Ebrard, en el sur de la ciudad, como lo hacían de jóvenes, y empiezan a organizar comidas y cenas, recuerda René Cervera: una tarea titánica porque lo hacen básicamente sin recursos, con el apoyo de muchos amigos. Consiguen un triunfo efímero: logran el registro en 1999, justo para las elecciones del año siguiente, en el que lanzan la candidatura de Manuel Camacho a la presidencia y de Marcelo Ebrard al gobierno de la Ciudad de México, con resultados diferentes a los que habían pensado.

Y es que en algún momento de esa campaña toman una decisión histórica: renuncian políticamente a sus candidaturas y se suman a la de López Obrador. Queda sujeto a interpretaciones el motivo de esta determinación. Ebrard asume que el PCD podría haber alcanzado una cantidad de votos superior a 5%, lo cual habría permitido mantener el registro de la agrupación; pero con el retiro de su campaña consiguieron un voto inercial de apenas 0.6% en la presidencial y 0.8% en la capital, respectivamente, pierden el registro y el partido se disuelve. Lo más probable es que la decisión obedeciera a una mezcla de motivos prácticos (la dificultad para conservar el partido) e ideológicos (la posibilidad de encontrar causas comunes con el perredismo de López Obrador).

Cualquiera sea la razón, lo cierto es que ambos intuyen el cambio de aires y actúan en consecuencia. Ebrard fue en especial útil porque en su calidad de candidato al Distrito Federal pudo cuestionar abiertamente a los candidatos del PAN, Santiago Creel, y del PRI, Jesús Silva Herzog, rivales de López Obrador. El gesto no le pasó inadvertido al tabasqueño. Fue la tercera llamada en sus antecedentes personales: la primera se había dado cuando López Obrador llegó a la Ciudad de México, en enero de 1993, en una marcha desde Tabasco ya con el Peje como dirigente del PRD en aquel estado. La caminata culminó con una manifestación en el Zócalo con la participación de

45 000 personas. En esa ocasión Marcelo fue el responsable por parte del gobierno de la ciudad para acordar las condiciones y la logística para facilitar la realización del acto político. La segunda fue la ya mencionada resistencia que como diputado federal independiente Ebrard libró en contra del Fobaproa. Y la tercera, la coincidencia en candidaturas paralelas para el gobierno de la ciudad, con una participación por parte de Marcelo que terminó cediendo en favor de López Obrador. Por lo demás, para Marcelo Ebrard quedaba claro que el sueño de los camachistas para arribar al poder en calidad de grupo político no empataba con la realidad. Si no iban a ser cabeza de ratón tendrían que atenerse a ser cola de león. A la postre, Ebrard fue mucho más que eso.

La capital, capítulo III

Marcelo Ebrard ha sostenido que hubo una invitación a integrarse al gabinete del gobierno de la ciudad en el área de seguridad pública desde el principio, pero prefirió abstenerse de una responsabilidad de esa magnitud en ese momento.[8] El hecho es que, al tomar posesión como jefe de Gobierno de la Ciudad en el 2000, López Obrador incorporó a Marcelo Ebrard al consejo de asesores, un título que en sí mismo significa mucho o nada, dependiendo de la actitud del jefe. Sin embargo, Ebrard poseía dos importantes virtudes: una, un conocimiento como el de pocos de las estructuras políticas de la ciudad y de los líderes y organizaciones populares, y de los empresarios inmobiliarios. Y dos, por su propia trayectoria el tabasqueño carecía de esa información, y tenía desconfianza de quienes sí la tenían entre sus propias filas. Procedían del gobierno anterior de la ciudad, encabezado primero por Cárdenas y luego por Rosario Robles.

---

[8] Intercambio epistolar del autor con Marcelo Ebrard, 21 de febrero de 2023.

Aunque Ebrard traía una larga trayectoria, su rescate del exilio era mérito absoluto del propio López Obrador. A diferencia de la mayoría de los cuadros de las tribus, Ebrard carecía de una segunda agenda porque todas las opciones, salvo la del Peje, se le habían cerrado.

Ebrard policía

En 2002, cuando Leonel Godoy renunció a la Secretaría de Seguridad Pública (meses más tarde sería presidente del PRD nacional), López Obrador le ofreció el puesto a Ebrard y lo llevó al gabinete. No está claro cuáles fueron los motivos para que el jefe de Gobierno lo invitase a un puesto para el que Ebrard no estaba preparado y las razones de este para aceptarlo. Lo cierto es que el ahora canciller se llevó a alguien que sí sabía, Manuel Mondragón, y se puso a aprender de lo que no sabía. El policía entró como subsecretario de Prevención del Delito y Participación Ciudadana y le añadieron Fuerzas Especiales, Policía Ribereña, Policía Típica, la Fuerza de Tarea y la Turística y la Antibombas.

Hicieron una buena combinación. Mondragón era un veterano de personalidad recia y liderazgo indisputado entre sus hombres. «Nada más hay dos personas que me regañan: mi papá y don Manuel», se dice que dijo Marcelo en aquellos días.[9] Frase irónica pero reveladora. Por su parte, Ebrard, a medida que se empapaba en el tema, consultaba experiencias de otras urbes, escuchaba a expertos internacionales y leía ensayos sobre prevención del delito, aprovechamiento de tecnologías y el uso de inteligencia en tareas policiacas. Se convirtió en el autor intelectual de algunas propuestas que Mondragón ajustaba y sometía a la realidad capitalina.

---

[9] Citado por Alejandro Páez, *op. cit.*

El gusto les duró poco más de dos años. Entre el 23 y el 24 de noviembre de 2004 vecinos del poblado San Juan Ixtayopan, delegación Tláhuac, lincharon y quemaron vivos a dos agentes de la Policía Federal Preventiva y dejaron herido de gravedad a un tercero, al ser tomados como delincuentes. Los policías realizaban una investigación sobre narcomenudeo y al hacer fotos afuera de una escuela fueron acusados por los padres y vecinos de ser parte de una banda de secuestradores que asolaba la región. Aunque se trataba de un operativo de fuerzas federales, la policía capitalina fue acusada de negligencia al no haber intervenido cuando surgieron alertas de la detención y primeras golpizas a los agentes. El presidente Vicente Fox convirtió el escándalo mediático en una oportunidad para golpear a López Obrador, jefe de Gobierno, y haciendo uso de sus atribuciones destituyó unilateralmente a Marcelo Ebrard como titular de la Secretaría de Seguridad Pública capitalina. El presidente buscaba que la administración del Peje cargara con toda la factura.

Paradójicamente, esta aparente calamidad en la carrera de Ebrard terminó por sellar su alianza con López Obrador. El tabasqueño entendió que el golpe iba dirigido a él y arropó a Marcelo, asegurándose de que cayera hacia arriba. A los pocos días lo designó secretario de Desarrollo Social, una cartera en especial codiciada en el Distrito Federal, pues era la que diseminaba recursos a los grupos sociales y llevaba buena parte de la relación con las organizaciones populares. Oro molido en términos políticos.

Aunque Fox intentó criminalizar a Ebrard por los acontecimientos de Tláhuac, el caso perdió interés cuando una coyuntura mucho más suculenta para Los Pinos apareció en el camino: la posibilidad de desaforar a López Obrador.

Precandidato

En el proceso para ascender al trono de la ciudad, a Ebrard le sucedió lo que ha sido una constante en la historia de la izquierda en el mundo: las batallas internas resultaron ser más cruentas que las libradas contra rivales externos. En 2005, aproximándose el momento de elegir candidato al gobierno de la ciudad, López Obrador comenzó a dar señales de que su preferido era Marcelo. Sus competidores no eran cosa menor: Pablo Gómez, legislador y expresidente del PRD, procedente de la izquierda clásica; Jesús Ortega, líder de una de las corrientes más fuertes del partido, la llamada Nueva Izquierda, posteriormente conocida como los Chuchos, y Armando Quintero, dirigente de una de las tribus clave en el control de la ciudad.

¿Por qué razón favoreció López Obrador a Ebrard, recién llegado a la izquierda y al partido, en detrimento de otras opciones mucho más vinculadas al movimiento? Las razones de siempre en el ahora presidente: desconfianza a liderazgos ajenos al suyo; poca identidad con la izquierda militante tradicional; rivalidades anteriores con los jefes de estas tribus cuando el tabasqueño fue líder nacional del PRD. Por el contrario, su relación con Ebrard era de otra naturaleza: como se ha dicho, López Obrador lo había sacado de la orfandad política momentánea, cinco años antes, y debía su trayectoria actual al jefe de Gobierno, era su subordinado inmediato como parte del gabinete; Fox los había atacado casi al mismo tiempo y por las mismas razones (golpear las pretensiones políticas del Peje), y más importante aún, Ebrard podía tener muchas relaciones políticas, pero a diferencia de los otros precandidatos carecía de base social propia.

Pero los no obradoristas no se iban a dejar vencer tan fácilmente. Los tres precandidatos organizaron un frente común contra Marcelo: Todos Unidos con la Izquierda (Tucoi), para enfatizar que su rival no procedía de la izquierda. Un argumento que aún esgrimen estos grupos, 20 años después de la incorporación de Ebrard al movimiento. Unificaron la candidatura en torno a Jesús Ortega para no ir divididos y movilizaron sus tropas dentro del partido. Sin embargo, no les alcanzó. El peso de López Obrador y las propias relaciones tejidas por Ebrard consiguieron el apoyo de otros líderes de tribus capitalinas: René Bejarano (Izquierda Democrática Nacional), Martí Batres (Izquierda Social), Amalia García (Foro Nuevo Sol) y Héctor Bautista (Alternativa Democrática Nacional), entre otros.[10] Y por lo demás, a estas alturas, para el gran público Marcelo Ebrard era mucho más visible y conocido, entre otras razones gracias a Fox, que su rival Jesús Ortega, más familiar en corrillos políticos. El jefe de los Chuchos no tuvo ninguna oportunidad en la encuesta abierta aplicada por el partido, en la que participó casi medio millón de ciudadanos. Ebrard se quedó con la candidatura con cerca de 20 puntos porcentuales de distancia.

Siete meses más tarde venció sin dificultad a los candidatos del PAN, Demetrio Sodi, y del PRI, Beatriz Paredez. El PRD, aliado al Partido del Trabajo (PT), obtuvo 14 de 16 delegaciones y una franca mayoría en la Asamblea Legislativa. Sin embargo, igual que en la victoria de Claudia Sheinbaum, 12 años más tarde, obtuvo menos votos en la capital que su jefe, el candidato presidencial. En la Ciudad de México 600 000 personas que cruzaron en la boleta el nombre de López Obrador para la presidencia decidieron no sufragar por Marcelo Ebrard.

Paradójicamente, ese 2 de julio de 2006 había muy pocas cosas que celebrar. Ese día Ebrard sintió que ganaba la jefatura de Gobierno, algo que tenía garantizado desde meses antes, pero perdía la presidencia del país seis años más tarde, al no resultar elegido quien había sido su padrino en los últimos tiempos.

---

[10] Tomado del excelente análisis de la disputa por el gobierno de la ciudad en los comicios de 2006, del profesor de la UAM Xochimilco, Juan Reyes del Campillo Lona, «La disputa social por el Distrito Federal», *Desacatos* 24, 2007. Consultado en https://www.scielo.org.mx/scielo.php?script=sci_arttext&pid=S1607-050X2007000200005.

La capital, capítulo IV

El 5 de diciembre Marcelo Ebrard tomó posesión como jefe de Gobierno del Distrito Federal sin demasiadas fanfarrias. El movimiento al que pertenece seguía en duelo por la elección perdida y con la convicción de haber sido despojado de la presidencia. La situación desemboca en una paradoja. Súbitamente, un recién llegado, aún con la etiqueta de camachista, se había convertido en la figura con más poder político específico de la izquierda. En términos de recursos económicos, políticos y humanos el flamante jefe de Gobierno era la figura más encumbrada del PRD, pero se había afiliado al partido apenas un año antes, justamente para participar en las elecciones.

Si bien es cierto que no era el único gobernador perredista en ese momento, porque el partido nominalmente ocupaba el poder en Guerrero, Baja California Sur, Chiapas y Michoacán, excepto en este último, se trata de candidatos priistas frustrados que al no conseguir la candidatura de su partido optaron por la del PRD y consiguieron el triunfo. En estricto sentido, la izquierda, y en particular aquella vinculada al obradorismo, sólo tiene en ese momento el bastión de la capital, y esta se encuentra en manos de quien es considerado un externo por algunas de las viejas tribus.

Tras unos meses en los que López Obrador ensayó la posibilidad de encabezar, sin mucho éxito, una especie de gobierno legítimo a la manera juarista, gabinete incluido, poco a poco se va dibujando una incómoda situación que ninguno de los protagonistas deseó. Marcelo sabe que Andrés Manuel es el jefe político y líder moral del movimiento, pero es él quien detenta los recursos y el peso que otorga el poder que significa dirigir la capital, el segundo puesto político más importante del país. Y aunque 2012 se antoja demasiado lejano en ese momento, los dos ya saben que inevitablemente sus caminos habrán de estorbarse de cara a la siguiente sucesión presidencial.

Y si su relación con el «presidente legítimo» no es sencilla por la ambigua correlación de fuerzas, con la del presidente en funciones aún menos. Una situación tensa en la medida en que Felipe Calderón, a quien el perredismo no reconoce por considerarlo un usurpador, es responsable del gobierno federal que ejerce enorme peso en las muchas interrelaciones con el de la Ciudad de México.

En ambos casos Ebrard decide actuar con perfil bajo. Lejos de competir con AMLO opta por no cruzarse en su camino, apoyar en todo lo que se le pida, pero actuar con plena autonomía en lo tocante a la vida de la ciudad con respecto a su antecesor. Acepta, seguramente por haber sido negociados de antemano, la inclusión de varios obradoristas o compromisos heredados del apoyo a su candidatura: Laura Velázquez en la Secretaría de Desarrollo Económico, Martí Batres en la de Desarrollo Social, Armando Quintero en la de Transportes y Vialidad, Elena Cepeda (esposa de Graco Ramírez) en la Secretaría de Cultura, Rosa Icela Rodríguez en el Instituto de Adultos Mayores, entre otros. Al paso del sexenio logrará deshacerse de algunos de ellos, como es el caso de Batres. Pero consigue retener para su grupo algunas de las carteras más destacadas: José Ángel Ávila en Gobierno, Jesús Arturo Aispuro en Desarrollo Urbano y Vivienda, Mario Delgado en Finanzas, José Arganis en Obras y Servicios, Ramón Montaño en la Oficialía Mayor, Manuel Mondragón en Salud (el policía también era doctor), y Martha Delgado en Medio Ambiente.[11] En otras responsabilidades incorpora a figuras de su propio equipo y del desaparecido PCD: Alejandra Moreno Toscano, Alejandro Rojas, Leticia Bonifaz y Héctor Antuñano.

---

[11] A partir de información de Alberto Espejel Espinoza, «Gabinetes y tipos de experiencia. El caso de las jefaturas de gobierno del Distrito Federal/gobierno de la Ciudad de México (1997-2018)», *Estudios Políticos* 46, enero/abril de 2019. Consultado en https://www.scielo.org.mx/scielo.php?script=sci_arttext&pid=S0185-16162019000100099.

¿Camachismo o ebrardismo?

Entre los muchos inconformes que dejó el ascenso de Marcelo Ebrard, vinculados a los grupos que impulsaron el Tucoi y perdieron, se propagó la conseja de acusar al personaje de ser un discípulo de Camacho y, por consiguiente, estar vinculado de alguna forma al tronco genético que emana de Carlos Salinas. Los más críticos aseguraban que en el fondo era Camacho el poder tras la figura del alcalde. Se trata de una acusación política que no se corresponde con los hechos y desconoce la personalidad, la capacidad o la ambición de Ebrard. Si bien es cierto que el jefe de Gobierno mantuvo cerca a su expadrino, una forma de respeto que incluso el propio López Obrador aceptó: Camacho fue un asesor informal sin peso específico propio en la administración capitalina. Careció de «mando de tropas» y tampoco fue encargado de negociaciones clave con otros actores políticos. Para evitar más suspicacias, en 2003 el PRD lo designó diputado federal.

Incluso la acusación de «camachistas» que se hacía a buena parte de los funcionarios capitalinos tendría que ser revisada. Para estas alturas estaríamos hablando ya de cuadros en esencia ebrardistas. Marcelo no sólo había sido el brazo derecho de los últimos años de estelaridad de Camacho, en realidad había sido el operador hacia adentro. Se trataba de una estructura esencialmente bajo su mando. Cuando alcanzó la jefatura de Gobierno en 2006, Ebrard llevaba seis años ya con posiciones políticas muy por encima de las de Manuel Camacho. La corriente de interés en torno a ellos tenía claro que el presente y el futuro, la posibilidad de la silla presidencial o el devenir de sus carreras dependían de un nuevo jefe.

¿Cambio o continuismo en la ciudad?

En muchos sentidos, la gestión de Ebrard al frente de la ciudad fue una extensión de políticas públicas y sociales emanadas de los gobiernos perredistas anteriores, y muy particularmente de la de López Obrador. La pensión a adultos mayores, el apoyo a discapacitados y a infantes en situación de vulnerabilidad, el Programa de Gratuidad en medicinas o la creación de una red de 16 nuevas preparatorias, fueron apoyados y en algunos casos fortalecidos por la administración de Ebrard. Es el caso de la pensión de adultos, cuya cobertura se amplió de 70 a 68 años, y la creación del seguro de desempleo, que no había. Un programa emblemático del gobierno de Ebrard fue el de Prepa Sí, con la entrega de un apoyo económico a 200 000 estudiantes, con montos diferenciados por nivel de calificaciones y la exigencia de dos horas semanales de trabajo comunitario. El programa se extendió a la infancia bajo el nombre de Niños Talento.

Pero la impronta de Ebrard quizá quedó definida por una batería de reformas en otro campo. La equidad de género; el reconocimiento de derechos civiles, sexuales y reproductivos; la legalización de la interrupción del embarazo, y la aprobación del matrimonio entre personas del mismo sexo, junto con el reconocimiento del derecho de estas parejas a la adopción.[12] Un énfasis que no tuvo la administración de López Obrador.

Ebrard continuó el intenso programa de vialidades arrancado por su antecesor, aunque en este caso se acentuó el peso de las opciones colectivas: la famosa Línea 12 del Metro, líneas de Metrobús, además de la creación del proyecto de bicicletas públicas. En cambio, en materia de vivienda fue en sentido contrario, al dar mayor peso a la participación de empresas inmobiliarias que a los programas de autoconstrucción.

[12] Pablo Yanes, «Quince años de política social en la Ciudad de México. Logros y desafíos, lecciones y tensiones», *Nueva Sociedad* 243, febrero de 2013.

Marcelo Ebrard tuvo la enorme ventaja, frente a los gobiernos de Cárdenas y López Obrador, de contar con una inversión pública federal considerable. De otra manera habría sido imposible concretar la construcción de la Línea 12 del Metro o las ambiciosas obras para canalización de aguas y drenaje profundo.

Los escándalos

Pero el paso por la ciudad también le hizo pagar un precio. El News Divine fue uno de estos casos. El 20 de junio de 2008, a las seis de la tarde, 200 policías llegaron al bar, como parte de un operativo contra la venta de bebidas alcohólicas a menores. Un grupo de adolescentes festejaba el fin de cursos y se espantó ante el arribo de los policías, quienes bloquearon los accesos y dispersaron gas lacrimógeno. Fallecieron nueve personas y tres policías (entre ellos una mujer). Las crónicas dieron cuenta de las muchas acciones indebidas cometidas por la fuerza pública, además de que el bar operaba con irregularidades en materia de seguridad y prevención. Aunado a ello, el escándalo se catapultó al surgir evidencias de que el operativo posiblemente obedecía a la intención de extorsionar a los jóvenes. Marcelo Ebrard despidió a Joel Ortega, secretario de Seguridad y responsable en última instancia. La investigación realizada por la Comisión de Derechos Humanos del Distrito Federal (CDHDF) reveló que la propia policía había cerrado las puertas en espera de transporte para llevarse a los jóvenes, una versión contraria a la presentada por Ortega. No obstante, para una parte de la opinión pública, el tema había salpicado al mismísimo jefe, por no hablar de que Ortega se convertiría, desde entonces, en su acérrimo enemigo.

La Línea 12 del Metro fue para Marcelo lo que para López Obrador fueron los segundos pisos. La obra más visible, costosa y emblemática de su gobierno. Con la salvedad de que los segundos pisos nunca se cayeron. Tampoco el Metro durante el sexenio de Ebrard; eso sucedería después. Por lo pronto, como bien se dice en las crónicas, el 30 de octubre de 2012, fecha de la inauguración, debió ser el día más feliz de la gestión de Marcelo Ebrard como gobernante de la ciudad. Había razones; inaugurarlo a pocas semanas de concluir su periodo constituyó un *tour de force*, que al decir de sus críticos había obligado incluso a modificar decisiones técnicas. Pero lo cierto es que a partir de ese momento 450 000 personas por día se verían beneficiadas con una obra que, además, gracias a un trazo parcialmente elevado, se presentaba como un portento de ingeniería. A la postre se convertiría en una pesadilla, primero al ser usado para perseguirlo durante la administración de Mancera, después para abollar su actual precandidatura presidencial.

Durmiendo con el enemigo

Miguel Ángel Mancera no fue la primera opción de reemplazo que tuvo en mente Marcelo Ebrard. Empujó hasta donde pudo a Mario Delgado, quien a lo largo del sexenio había sido secretario de Finanzas, primero, y secretario de Educación, más tarde. Se trataba de un cuadro ebrardista puro (al menos en ese momento), egresado de Economía del Instituto Tecnológico Autónomo de México (ITAM), incorporado al equipo desde que Marcelo estaba en el gabinete de López Obrador. Con el tiempo se convirtió en el alfil preferido del alcalde gracias a su habilidad para manejar dos cualidades que rara vez vienen juntas: dominio de los tecnicismos de la economía y habilidades naturales en la práctica de las artes mágicas de la grilla. Desafortunadamente carecía de la tercera gracia: el carisma de cara a las tribunas. Su precandidatura nunca levantó.

Miguel Ángel Mancera parecía la segunda mejor opción. Se trataba también de un soldado de las filas de Marcelo. Un abogado egresado de la UNAM con estudios de posgrado en Barcelona que ingresó por las áreas jurídicas a la Secretaría de Seguridad Pública de la ciudad. Ahí, a sus 36 años, Ebrard lo conoció. Le gustó la personalidad del todavía joven funcionario, su preparación, y en los siguientes dos años lo hizo escalar puestos a velocidad vertiginosa. Cuando abandonaron la Secretaría de Seguridad Pública ya era su jefe de asesores, y al aterrizar en la de Desarrollo Social se convirtió en su director jurídico. Una vez convertido en jefe de Gobierno, Ebrard lo designó subprocurador del Distrito Federal, y a los dos años lo ascendió a procurador, equivalente a lo que hoy es el fiscal, donde permanecería el resto del sexenio.

A la luz de lo que sucedió después, no están del todo claro los atributos que el jefe de Gobierno vio en este delfín. Aunque carecía de mayor roce político, más allá del que ofrecen las tareas de procuración de la justicia, quizá Marcelo asumió que era un hombre preparado, dotado de buen sentido común, con razonables dotes administrativas. Pero como suele suceder con la historia, el verdadero factor de peso fueron las circunstancias: frente a la imposibilidad de impulsar con éxito la propuesta de Mario Delgado, Ebrard debió operar rápidamente. El resto de los precandidatos eran los sospechosos comunes procedentes de las distintas tribus. Que uno de ellos terminara convertido en su relevo era la peor de las pesadillas para el alcalde saliente. La mayor virtud de Mancera era su no pertenencia a estas corrientes y su trayectoria de 10 años a la sombra política del propio jefe de Gobierno. Corrió con la fortuna de que López Obrador no lo viera con malos ojos. Tampoco él estaba interesado en un ganador entre los políticos profesionales de las viejas izquierdas.

En 2005, enviado por Ebrard, Mancera había participado de manera sobresaliente en el equipo jurídico que defendió a López Obrador en contra del desafuero, un periodo en el que se trataron de manera asidua; seis años después el ahora presidente no lo había olvidado. Imposible saber si también jugó el hecho de que desde la subprocuraduría Mancera acogió por un tiempo a José Ramón López, y con él estableció una cordial relación. Si no ayudó, ciertamente tampoco lo perjudicó. Lo cierto es que Mancera se convirtió en candidato del PRD y meses más tarde en jefe de Gobierno de la Ciudad de México. Ebrard y López Obrador descubrirían, poco tiempo después, que entre las virtudes del personaje no se encontraba la lealtad.

Pleitos en familia: AMLO y Ebrard

A lo largo de los seis años que gobernó la ciudad, Ebrard intentó mantener la mejor de las relaciones posibles con Andrés Manuel López Obrador. Como jefe de Gobierno tenía fuerza propia, pero sabía que, fuera del cargo, el único contrapeso frente a las tribus perredistas era el líder del movimiento. Con todo, las fricciones fueron inevitables. Algunas de ellas reales, otras inventadas por los muchos interesados en ponerlos en oposición, particularmente los rivales políticos de Ebrard entre las corrientes tradicionales del PRD. Pero es cierto que en más de una ocasión ambos se enseñaron los dientes. La más notoria, entre las que fueron públicas, fue la presión de López Obrador sobre Ebrard para que detuviera la construcción de la llamada Supervía en las delegaciones Cuajimalpa, Magdalena Contreras y Álvaro Obregón, por los daños ecológicos que causaría. Las razones de la objeción, además de las ambientales, no son precisas, pero envió una carta formal a través de conductos institucionales y en la oficina del jefe de Gobierno interpretaron que el tabasqueño iba a hacerla pública.[13] El tono era comedido y respetuoso, pero llama la atención que el mensaje no hubiera sido transmitido a través de algún amigo común o, mejor aún,

¹³ Alejandro Almazán, *Jefas y jefes. Las crisis políticas que forjaron a la Ciudad de México.* México, Grijalbo, 2023, p. 258.

directamente. «No vamos a dejar sistemas viales inconclusos como pueden ser los segundos pisos o los puentes de Los Poetas, que se quedaron prácticamente a la mitad», declaró Ebrard en alusión a las obras inconclusas del otro. Un «estate quieto» por donde se vea.

Los inevitables contactos de la administración de Ebrard con el «espurio» fueron sin duda la fuente de irritación mayor entre ambos. Si bien el jefe de Gobierno se mantuvo firme en la decisión de no encontrarse con Felipe Calderón, no tuvo objeción alguna en ser visto con sus principales alfiles. Pero sobre todo debió incomodar la actitud neutra del jefe de Gobierno de la ciudad, que nunca dirigió las baterías en contra del gobierno federal. Finalmente, el 30 de octubre de 2012 Ebrard se sintió obligado a invitar al presidente Calderón a la inauguración de la Línea 12 del Metro, aduciendo que el gobierno federal había proporcionado cerca de la mitad de la inversión. Seguramente, pero también es cierto que para entonces ya había pasado, y para mal, lo que en verdad importaba: las elecciones presidenciales en las que había participado López Obrador por el PRD y no Ebrard, y Enrique Peña Nieto estaba a punto de tomar posesión. Lo cierto es que, para los obradoristas, Ebrard no salió virgen del sexenio calderonista.

La encuesta y el pacto

Ha corrido mucha tinta sobre la disputa entre López Obrador y Marcelo Ebrard por la candidatura del PRD para los comicios presidenciales de 2012. Una polémica que tiene que ver más con el morbo y los tiempos actuales que con las consecuencias políticas inmediatas en aquel momento. Como se recordará, Enrique Peña Nieto, del PRI, terminó ganando con cierta holgura (7%), y podría pensarse que difícilmente habría cambiado algo de haber sido otro el rival por parte de la izquierda.

Como quiera, la lucha por la precandidatura fue una competencia reñida. El diseño de la encuesta y las empresas involucradas fueron objeto de arduas negociaciones entre los dos equipos. Al final, ambos aceptaron que reconocerían el resultado final, sin importar cuál fuera.

El examen del cuestionario deja lecciones para el futuro. El triunfo correspondería a quien venciera en tres o más de las cinco preguntas pactadas. Ebrard ganó las dos primeras: 1. ¿Cuál es su opinión sobre el personaje mostrado? 2. ¿Por quién o por quiénes nunca votaría? Es decir, saldos entre positivos y negativos. Pero las tres siguientes eran prácticamente el mismo concepto repetido: 3. Si los candidatos a la presidencia en 2012 fueran los siguientes, ¿usted por quién votaría? 4. De un grupo de cinco ¿por quién votaría? 5. ¿A quién de los personajes en la tarjeta preferiría usted como presidente? Estas tres las ganó AMLO, y se entiende que el que venciera en una de ellas obtendría las tres, porque difícilmente iban a diferir en el resultado; en esencia indagaban sobre la intención de voto y esto a su vez era afectado por el reconocimiento de nombre, aunque no exclusivamente.

En el bando de Ebrard hubo intentos de impugnar los resultados, porque en la quinta y última pregunta la victoria de López Obrador podía entrar en los márgenes de un empate técnico. En NODO, una de las encuestadoras, obtenía 2.54% por encima de Ebrard, pero en la otra, Covarrubias, apenas 0.07%. Los más acalorados estaban en la corriente de los Chuchos, cada vez más antiobradoristas, y presionaron a Marcelo para que exigiera una repetición del ejercicio. Presentaban encuestas de otras empresas para apuntalar sus argumentos.

No obstante, Ebrard se presentó a la rueda de prensa posterior a la divulgación del resultado y aceptó su derrota. Horas antes se había reunido con su equipo para informarle el veredicto. «Estaba muy enojado», revela uno de los asistentes. «Nos dijo que, por meras interpretaciones en una de las cinco preguntas, había perdido por un punto; que ni iba a romper a la izquierda, ni tampoco se autonombraría candidato legítimo; y que no buscaría la senaduría, que seguiría en la jefatura».[14] Una mala decisión esto último, porque el Senado le habría dado la protección para lo que Mancera iba a lanzarle.

El segundo exilio

Las razones de la «traición» de Miguel Ángel Mancera a su padrino político pertenecen tanto a temas de estrategia y ambición política como a las de personalidad. Ciertamente Ebrard no lo vio venir. En realidad, Mancera comenzó a tomar distancia desde el día en que alcanzó la jefatura de Gobierno, al mismo tiempo que Peña Nieto entraba a Los Pinos. Quizá supuso que tras la derrota de López Obrador en su segunda oportunidad y el regreso del PRI al poder daba inicio otro ciclo e intentó asumir una posición favorable a los nuevos tiempos. Lo cierto es que desde el principio se quitó de encima la figura de Marcelo. Entre otros, resultó sintomático el nombramiento de Joel Ortega como director del Sistema de Transporte Colectivo, quien no ocultaba su resentimiento en contra de Ebrard por su despido fulminante tras la tragedia del News Divine.

Desde 2013 Ortega denunció en dos ocasiones fallas reiteradas en el funcionamiento de la Línea 12; en marzo de 2014 se anunció la cancelación del servicio por seis meses para realizar reparaciones mayores para solventar problemas de diseño y construcción atribuibles a la anterior administración. Casi medio millón de pasajeros diarios resultó afectado y el escándalo político no fue menor. Marcelo Ebrard adujo que las auditorías de puesta en marcha y dictámenes correspondientes habían sido impecables y que los problemas derivaban de insuficiencia de presupuesto y deficiencias de operación. El gobierno de Mancera

---

[14] *Ibid.*, p. 263.

solicitó una investigación y la Asamblea Legislativa del Distrito Federal creó una comisión especial para investigar a posibles exfuncionarios involucrados, entre ellos Marcelo Ebrard. En enero de 2015 la comisión legislativa concluyó que había delitos que perseguir, entre ellos el de peculado, y pidieron a la Procuraduría General de la República (PGR) iniciar la averiguación correspondiente. Al mes siguiente Ebrard compareció ante la comisión y mostró documentos técnicos y financieros de empresas auditoras y de la propia Auditoría Superior de la Federación. Nunca se presentaron denuncias formales, pero en mayo de 2015 el ahora canciller prefirió evitar el clima de hostilidad que enfrentaba y anunció una estancia larga en Francia, aunque se dijo dispuesto a presentarse en caso de ser requerido.

En realidad, había surgido una amenaza aún mayor en el horizonte. En los primeros meses de 2015 había intentado obtener una candidatura para una diputación en las elecciones intermedias de ese año, primero en el PRD, que no se la dio, y luego por el Movimiento Ciudadano, que sí accedió. El Tribunal Electoral del Poder Judicial lo vetó pretextando una investigación en curso, en realidad sin haberla. Las verdaderas razones pronto las supo: al parecer Mancera había convencido a Enrique Peña Nieto de que el exjefe de Gobierno había filtrado a los medios la nota sobre la llamada Casa Blanca de Angélica Rivera, la Gaviota, esposa del presidente. Temiendo alguna represalia política, Ebrard habría optado por asumir una sana distancia.

Durante casi un año vivió en París en un departamento de 70 metros cuadrados rentado a un amigo, diría más tarde, y asumió algunas asesorías, entre ellas una puntual con la Organización de las Naciones Unidas (ONU) y ofreció charlas. Reapareció ante el público a mediados de 2016 como promotor del voto latino en la campaña de Hillary Clinton a la presidencia de Estados Unidos. No formó parte del equipo de la candidata propiamente, sino de las organizaciones latinas que la apoyaron. Durante meses vivió en tránsito entre Los Ángeles, Chicago y Washington.

A mediados de 2017 intensificó sus visitas a México, con ánimo más bien exploratorio. La impopularidad del gobierno peñanietista había insuflado vida a la figura de López Obrador, y Marcelo no tenía del todo claro cuál era su posición con el líder del movimiento. Morena existía como partido desde 2014, y en 2015 en las elecciones compitió como tal por vez primera; pero fue Movimiento Ciudadano, no Morena, quien buscó o aceptó a Ebrard en la diputación que frustraron los tribunales, antes de irse a París. La relación con López Obrador no era tirante pero tampoco cercana. En la cruzada pública en su contra, Ebrard entendió que el tabasqueño simplemente se había mantenido al margen. Marcelo había sido el preferido en la sucesión de 2006 en el gobierno de la ciudad y su rival en 2012. Cinco años más tarde no tenía claro siquiera si el candidato de izquierda iba a tenerlo en cuenta. De hecho, en el anuncio de un posible gabinete que hizo López Obrador durante su campaña su nombre no había sido invocado. Para mediados de 2017 Marcelo ya estaba en México, sondeando la atmósfera, retomando relaciones y acercándose al líder. A principios de 2018 el alma le regresó al cuerpo. Fue anunciado como uno de los cinco coordinadores territoriales de la campaña presidencial, a cargo de nueve estados en el noroeste del país, desde Baja California hasta Jalisco. Marcelo estaba de vuelta.

El canciller

La Secretaría de Relaciones Exteriores (SRE) no suele ser un ministerio para promover a nadie a la silla presidencial y en la mayoría de las ocasiones no forma parte del primer círculo en torno al mandatario en turno. Con Felipe Calderón la cancillería fue ocupada por Patricia Espinoza, a quien el panista apenas conocía; con Peña Nieto sirvió de puesto de paso o de respiro de alfiles importantes (José Antonio Meade y Luis Videgaray) y en la parte media del sexenio fue titular Claudia Ruiz Massieu. De entrada, es una responsabilidad muy poco propicia para promoverse territorialmente de cara a una aspiración presidencial.

Sin embargo, las circunstancias y las características de Marcelo Ebrard le han permitido obtener mayores réditos políticos de los que podrían esperarse.

Por un lado, la pandemia. El canciller salió muy bien librado del enorme reto de encontrar cantidades ingentes de vacunas, en el momento en que quienes las producían buscaban conservarlas para su propia población. A lo largo de esos meses, Ebrard y su equipo consiguieron importantes éxitos para asegurar suministros improbables y asegurar una campaña de vacunación sin interrupciones. A pesar de la controversia que provocó la estrategia del gobierno mexicano ante la epidemia, el canciller proyectó la imagen de un funcionario sólido, habilidoso y responsable. A diferencia de otras autoridades, cuya reputación salió golpeada en esta crisis sanitaria, la de Ebrard resultó beneficiada.

Otra circunstancia favorable fue la decisión del presidente López Obrador de dejarle a su canciller la gestión personal en las reuniones internacionales de mandatarios. El acceso privilegiado que eso le ha dado para relacionarse directo con los jefes de Estado tiene, desde luego, un impacto político externo en esencia, pero es importante para la construcción de redes personales al más alto nivel. Y, por lo demás, pocas cosas resultan más «presidenciables» para un político que exhibir su imagen en medio de otros mandatarios. El riesgo para Ebrard es que un exceso de su parte o un mal manejo de estas imágenes pudiera haber resultado contraproducente para sus relaciones en Palacio Nacional. Una cosa es llevar la representación del presidente y otra dar la impresión de que lo está sustituyendo. Particularmente para alguien tan sensible como López Obrador frente a protagonismos ajenos al suyo. Todo indica que también de esta tarea salió indemne, cosechando las ventajas y neutralizando los riesgos.

Donald Trump y la firma de un nuevo tratado comercial fue otro desafío que Ebrard resolvió con ventajas para su crédito político. La mayor parte del mérito debe ser atribuido al propio López Obrador, quien tejió una relación amigable y astuta frente a la amenaza que representaba la beligerancia del mandatario estadounidense respecto a México. Pero el presidente encontró en el titular de la SRE a un aliado y operador absolutamente leal y eficiente para aterrizar los deseos y acuerdos de Palacio Nacional en la compleja maraña de Washington. Si bien es cierto que las mesas de trabajo para la firma del Tratado entre México, Estados Unidos y Canadá (T-MEC) fueron conducidas por ambas partes a través de dependencias vinculadas al gabinete económico, en la práctica las puestas en común más arduas requirieron de finas negociaciones políticas del más alto nivel, en las que Ebrard fue parte decisiva.

En suma, las tres circunstancias (pandemia, rechazo de López Obrador a giras internacionales y el desafío de Trump) le otorgaron a la cancillería en este sexenio un protagonismo desacostumbrado frente a los medios y la opinión pública. Un protagonismo que, por lo mismo, pudo haber sido catastrófico. Baste recordar el papel de Luis Videgaray llevando al aún candidato Donald Trump a Los Pinos, para unánime irritación del Partido Demócrata y la opinión pública mexicana.

Incluso en los frentes inesperados que López Obrador decidió abrir contra España y otros no tan inesperados como en Perú y Bolivia, en apoyo de los presidentes de izquierda enfrentados a la oposición, el canciller supo navegar para acomodarse a los deseos presidenciales haciendo, al mismo tiempo, control de daños para evitar un ambiente hostil hacia México.

El anuncio por parte de Tesla de construir una enorme planta en México para fabricar millones de sus autos provocó un oleaje que estuvo a punto de hacer naufragar el proyecto. Por un lado, varias entidades compitieron para convertirse en destino de los planes de Elon Musk, entre codazos y zancadillas mutuas. Por

otro, el presidente provocó un susto mayúsculo en una mañanera, cuando advirtió que podría vetar la instalación de la
planta en Nuevo León, punto elegido por los estadounidenses.
Varios personajes intervinieron para conjurar el peligro, pero
en esta gestión fue Marcelo Ebrard el alfil decisivo por parte del
gobierno mexicano. Un poderoso argumento para postularse
como el candidato con mayor capacidad, relaciones o visión
para aprovechar las potencialidades del llamado *nearsourcing*
(considerado por los expertos como la plataforma que permitiría un rápido crecimiento de la economía del país).

Negritos en su arroz existieron desde luego. La embajadora de
México en Washington durante el primer trienio, Martha Bárcena, ha sido una dura crítica de Marcelo Ebrard. No es poca
cosa tratándose de la embajada más importante para el país y
siendo la esposa del destacado embajador en retiro Agustín Gutiérrez Canet, tío de la esposa del presidente. Si bien durante la
gestión de ella en Washington los roces fueron *sotto voce* —aunque no tanto los del marido, un columnista regular en la prensa
mexicana—, una vez que Bárcena dejó el puesto exhibió sus
diferencias con el canciller y criticó posiciones por él esgrimidas
en sus negociaciones con el gobierno de Trump. En tales ocasiones el presidente respaldó a su colaborador.

Lo que no se pudo quitar y representó un duro golpe a su
línea de flotación fue la tragedia de la Línea 12 del Metro, en
mayo de 2021, cuando el derrumbe de estructuras provocó el
desplome de vagones y la muerte de 26 personas. De inmediato
las acusaciones en la prensa y las redes se dirigieron en contra
de los dos principales contendientes a la presidencia del país:
Claudia Sheinbaum, jefa de Gobierno, por posibles fallas en el
mantenimiento, y Marcelo Ebrard, exjefe de Gobierno, por posibles defectos en el diseño y la construcción de la línea original.
La investigación pericial conducida por la fiscalía de la ciudad
y un dictamen técnico de la empresa noruega DVN, contratada
por la ciudad, responsabilizaron a la administración de Ebrard,

al atribuir la tragedia a temas de construcción y diseño. Sin embargo, la filtración a la prensa de un reporte anticipado y las diferencias posteriores con la empresa noruega, que habría matizado el argumento para descargar alguna responsabilidad en el mantenimiento, generaron críticas en contra de la jefa de Gobierno. Al final, más allá de las explicaciones técnicas, en la opinión pública quedó la sensación de que la tragedia los había lastimado a ambos.

La pareja «presidencial»

A partir de mediados del sexenio de la Cuarta Transformación López Obrador destapó a las llamadas «corcholatas» y dio inicio a la precampaña presidencial. Es decir, casi dos años antes de lo que suele acostumbrarse. Eso obligó a Marcelo Ebrard, al igual que a sus rivales por la candidatura de Morena, a conducir campañas de autopromoción, desautorizadas por las leyes formales pero de acuerdo con las nuevas leyes de la política no escrita, cada uno con sus armas y recursos. Si las de Claudia Sheinbaum son la estructura del propio obradorismo y la predisposición de Morena, las de Adán Augusto López reside en el turbo que le proporciona el hecho de ser titular de Gobernación y hablar como tabasqueño. Por su parte, las de Ebrard son las redes personales construidas a lo largo de 40 años de experiencia política y administrativa y la capacidad operativa para aspirar a montar una estructura paralela a Morena de proporciones que se antojan imposibles: tres millones de promotores a razón de 10 000 por cada uno de los 300 distritos electorales del país. Un desafío que en papel parece más arduo que obtener la presidencia misma. Si lo consigue, incluso si se queda corto, tendrá algo que sus rivales no poseen.

Otro activo, frente a sus competidores, es su pareja. A diferencia de Sheinbaum y Adán Augusto, cuyos consortes han optado por mantenerse ajenos al espacio público, Rosalinda Bueso Asfura es una pieza importante en la promoción social y política de su pareja. Basta decir que en algunas de las redes sociales la imagen para el perfil que Ebrard ha seleccionado es una foto de pareja. Exembajadora de Honduras en México, atractiva y socialmente muy activa, se ha convertido en la mejor publirrelacionista del canciller.

Su primera esposa fue Francesca Ramos Morgan, condiscípula en El Colegio de México, compañera de vida a partir de 1985 y madre de sus primeros tres hijos: Francesca Sophie, nacida en 1988, artista y psicóloga; Anne Dominique, en 1990, y diseñadora de ropa, y Marcelo Patrick, en 1995, dedicado a la medicina. La pareja se divorció en 2005 y al año siguiente Ebrard se casó con la actriz Mariagna Prats, poco antes de convertirse en jefe de Gobierno de la capital. Se separaron antes de terminar el sexenio. Y todavía como jefe de Gobierno contrajo matrimonio con su actual esposa, con la cual tiene dos hijos gemelos, nacidos en 2011: Ivanna y Julián Ebrard Bueso, ambos aún escolares.

Su amigo, el presidente

Estas son las armas de Marcelo Ebrard. Sabe que no puede rebasar a Claudia Sheinbaum por la izquierda, ni tiene acta de nacimiento tabasqueña. Pero confía en tener los argumentos para convencer al presidente, a los obradoristas y a los ciudadanos de a pie, de que tiene la experiencia y las habilidades para responder mejor que sus rivales a los retos del país. En el año 2000 cedió la candidatura a la jefatura de Gobierno en favor de López Obrador, en 2012 aceptó recular en la candidatura a la presidencia para dejar la ruta libre al tabasqueño en la nominación presidencial. Como Manuel Camacho hace 30 años, Marcelo Ebrard está convencido de que ha hecho los méritos para que su amigo, el presidente, le entregue la estafeta del relevo. Sólo espera correr con mejor suerte.

5. ADÁN AUGUSTO LÓPEZ, TAN CERCA Y TAN LEJOS DEL PARAÍSO

No resulta fácil definir el perfil político de un hombre introvertido dedicado a la vida pública, una de las muchas contradicciones en la imagen que circula de Adán Augusto López Hernández. También resulta extraño que la opinión pública dé por descontado que se trata del precandidato de mayor edad, cuando en los hechos es el más joven de los tres punteros. Tiene cuatro años menos que Marcelo Ebrard y es 15 meses menor que Claudia Sheinbaum. En caso de ganar la presidencia, el canciller tomaría posesión con 65 años por cumplir, la jefa de Gobierno de la capital lo haría con 62 y el titular de Gobernación con 61. Y, sin embargo, Adán Augusto López comparte ese curioso rasgo que también se le atribuía a Adolfo Ruiz Cortínez, a quien se le apodaba el Viejo, a pesar de que asumió la presidencia con 62 años, tres años menos que el mismísimo Andrés Manuel López Obrador.

No es el único rasgo engañoso de López Hernández. Por su procedencia, su acento y su cortedad al hablar, algunos lo toman como una versión más provinciana de su tocayo, el presidente. Pero su currículo no podía ser más diferente. Además de ser abogado por la Universidad Juárez Autónoma de Tabasco (titulado con la tesis *El Estado federal mexicano*), tiene estudios de derecho en el Instituto de Derecho Comparado de París y estudios de posgrado en Ciencias Políticas por la Universidad de París II; posteriormente pasó poco menos de un año en Ámsterdam, Holanda, tomando cursos en materias jurídicas. Es decir, en lo tocante a idiomas, estudios o experiencias internacionales su trayectoria está más cercana a la de un hijo de las élites mexicanas que a la de un luchador de oposición o a una figura crecida entre baños de pueblo, como la de López Obrador.

Para ser justos, habría que decir que Claudia Sheinbaum y Marcelo Ebrard tampoco pertenecen al México profundo; ninguno es hijo de millonarios, pero crecieron en familias de clase media o media alta y tuvieron acceso a oportunidades para beneficiarse de una educación a la que sólo un puñado de mexicanos alcanza: los tres cursaron estudios en el extranjero y vivieron fuera del país durante algún tiempo.

En realidad, Adán Augusto López parecía destinado a continuar la próspera profesión del padre, un notario afamado en los círculos sociales y económicos de la capital tabasqueña. Hijo del notario Payambé López Falconi (de origen yucateco, Payambé es un apelativo maya) y de la maestra Aurora Hernández Sánchez. Nació el 24 de septiembre de 1963 en Paraíso, Tabasco, una pequeña población pegada al Golfo de México, a 80 kilómetros de la capital del estado. Compartió infancia con dos hermanas y un hermano más pequeño. Adán Augusto López hizo las tareas necesarias para continuar la tradición familiar: obtuvo el título de abogado, trabajó en la notaría y se inscribió desde joven en el PRI, vía necesaria en Tabasco para participar con algún éxito en la vida pública regional.

El llamado del PRI

Al regresar a México en 1988, luego de la segunda ocasión en que cursó estudios en Europa —primero París y después Ámsterdam—,[1] tenía 25 años y estaba preparado para seguir los

---

[1] Entrevista personal con Adán Augusto López.

pasos de su padre, el notario. Dedicó los siguientes años a tomar experiencia en este campo. Sin embargo, la actividad política lo invocaba cada vez con mayor fuerza. Antes de cumplir
30 años el joven tenía todas las credenciales y relaciones para
constituir un cuadro apetecido por los grupos políticos locales.
A principios de los noventa fue sucesivamente presidente de la
Junta de Conciliación y Arbitraje de Tabasco, subsecretario de
Protección Civil, y finalmente subsecretario de Gobierno con
el gobernador interino Manuel Gurría Ordóñez (1992-1994).
Al terminar ese sexenio no encontró acomodo en la administración de Roberto Madrazo, quien recelaba de la cercanía del
joven con los círculos obradoristas; sin embargo, pudo gestionar la obtención de su propia notaría, que comenzó a operar
a partir de 1995, con apenas 33 años. Había regresado a la
vocación familiar y todo indicaba que para quedarse.

Cinco años más tarde los vientos de la política soplaron una
vez más en su dirección. En el año 2000 fue coordinador de la
campaña del priista Manuel Andrade para hacerse de la gubernatura del estado. Andrade tenía 35 años y Adán 37, una
nueva camada del PRI que, si bien había crecido a la sombra
de Roberto Madrazo, el poder real durante los años noventa en
Tabasco, constituía un relevo generacional. Andrade y Adán
eran amigos desde la adolescencia y el primero estaba urgido
de operadores propios que no fueran impuestos por Madrazo.
Pero las cosas no resultaron sencillas. Manuel Andrade ganó
en la jornada del 15 de octubre de ese año por apenas 7 000
votos, entre impugnaciones del PRD, en momentos en que Andrés Manuel López Obrador era ya la figura predominante de
ese partido. El entonces todavía Peje había sido presidente nacional del PRD hasta un año antes y había ganado las elecciones
para convertirse en jefe de Gobierno de la capital. Era el perredista más encumbrado en el país.

Las impugnaciones del PRD local y nacional respecto a las
irregularidades de la elección fructificaron, al grado de que el

Tribunal del Poder Judicial de la Federación declaró ilegales los comicios. Pero lo hizo dos días antes de que Andrade tomase posesión en sustitución de Roberto Madrazo. La crisis abrió un confuso periodo de controversias jurídicas que derivaron en el nombramiento de dos gobernadores interinos, Adán Augusto López y Enrique Priego, de manera simultánea para presidir Tabasco, en tanto se convocaba a nuevas elecciones. Enrique Priego había sido designado por un «madruguete» priista la noche del 30 de diciembre, unas horas antes de que se instalara la nueva legislatura. Pero tan pronto esta entró en funciones desconoció a Priego, y los nuevos legisladores perredistas, con un par de aliados priistas, eligieron, paradójicamente, a Adán Augusto, quien, como se ha señalado, había sido el coordinador de campaña de los priistas. En realidad, el ahora secretario de Gobernación fue elegido como una especie de puente entre las dos corrientes porque el nuevo Congreso tenía una fuerte presencia de perredistas. Las dos hermanas de Adán Augusto participaban activamente en las filas obradoristas y al propio notario no se le percibía en malos términos, a pesar de haber participado en la campaña del PRI.

Finalmente, tras arduas negociaciones que se extendieron durante tres días, López Hernández declinó, Enrique Priego asumió el interinato y Manuel Andrade ganó los comicios un año más tarde. Pero el desencuentro lastimó la relación entre Adán Augusto y el primer círculo de Andrade. El joven prefirió retirarse a su notaría, una vez más. Es interesante señalar que dos personajes con los cuales habría tenido roces como resultado de esos comicios, César Raúl Ojeda, el candidato perredista que Andrade derrotó con irregularidades en la elección, y el propio Manuel Andrade, 23 años después, son afines a Adán Augusto López en sus aspiraciones presidenciales. Cosa de tabasqueños, pues.

La descripción de estos hechos es importante porque ilustra la ambigua relación del ahora ministro de Estado con el obradorismo de los primeros años. Aunque en el perfil difundido desde su trinchera suele mencionarse su temprano apoyo a las campañas de López Obrador para contender por la gubernatura en 1988 y 1994 en Tabasco, es evidente que el notario siguió siendo priista, a pesar de la enconada lucha de Andrés Manuel contra las irregularidades de las que fue objeto a manos de sus antiguos correligionarios.

La singularidad del priismo tabasqueño

Sin embargo, habría que introducir un matiz. En Tabasco históricamente la izquierda militaba dentro del PRI (igual que la derecha y el centro, para ser justos). El PRI era el tejado común tras el cual las distintas corrientes políticas pugnaban por el poder. Había una destacada vertiente tabasqueña de un priismo de contenido social más acentuado que en la contraparte nacional y que remite a Tomás Garrido Canabal, a Carlos Madrazo o a González Pedrero (en cuyo gobierno la esposa, la cubana Julieta Campos, influiría de manera notable). Es este último, justamente, quien designaría a López Obrador presidente del PRI estatal, antes de que cumpliera 30 años; puesto que abandonó 11 meses después por la protesta de los viejos cuadros ante el espíritu transformador del joven dirigente. El hecho es que, a diferencia del ambiente político de la capital, en donde las corrientes de izquierda o progresistas crecieron confrontadas con el PRI y el gobierno, en Tabasco constituyeron, más bien, un ala dentro del partido.

En ese sentido, da la impresión de que las primeras confrontaciones entre el PRI y el Frente Democrático Nacional, bandera bajo la cual López Obrador postuló su primera candidatura al gobierno de Tabasco, fueron asumidas en el ambiente local como disputas entre priistas. Cabe recordar que el Frente deriva de la Corriente Democrática, fundada por Cuauhtémoc Cárdenas y Porfirio Muñoz Ledo, que, en principio, protestaba por el giro tecnocrático que había tomado el partido oficial. La dura y sorprendente competencia que ofrece Cárdenas contra la candidatura de Salinas de Gortari en 1988, aunque al final infructuosa, lleva a la fundación del PRD un año más tarde. Y si bien esta conversión fue un paso decisivo para la incorporación de cuadros y militantes de la izquierda histórica en el centro del país, en Tabasco el nuevo partido fue considerado por muchos como el verdadero representante de la ideología priista *versus* los economistas privatizadores y arribistas que habían tomado la conducción del partido. No es casual, incluso ahora, 30 años después, la consideración, si no es que el respeto, que guarda el propio López Obrador al priismo de viejo cuño, al que atribuye una dimensión social que se habría perdido a manos del neoliberalismo. O la tendencia a nutrir los cuadros de la Cuarta Transformación con priistas de aquellas corrientes.

Todo esto para explicar la ambigua relación de Adán López con los años de inicio de la carrera política de Andrés Manuel en la oposición. Hasta 2001 él siguió siendo priista, 13 años después de que el de Macuspana tomara el camino de la disidencia. Había que dar cuenta del hecho de que este pecado original de Adán no le costó el acceso al paraíso tabasqueño del obradorismo.

El notario indeciso

El currículo oficial asegura que, a su regreso de Francia, a los 25 años, Adán López se incorpora a la primera campaña de López Obrador a la gubernatura de Tabasco en 1988, pero lo más probable es que tales esfuerzos fueran a través de los servicios de la notaría de su padre. Aunque 10 años más joven que López Obrador, las familias de ambos se conocían de cerca; don Payambé López había sido el notario de los negocios familiares y siguió fungiendo como tal en los actos públicos en los que participó el líder político y que requerían una constancia notarial. Un servicio que López Obrador ha reconocido y agradecido en distintas ocasiones.

Sin embargo, en 2001, cuando Adán Augusto se retira del PRI no lo hace para militar en el PRD. Los siguientes dos años se concentra, de nuevo, casi exclusivamente en el trabajo de su notaría, pero una vez más la comezón de la política volvería a atraerlo. En 2003 compitió por la presidencia municipal de Villahermosa (la segunda posición más importante en el Estado), en calidad de candidato independiente, pero perdió frente a Florizel Medina, candidata priista.

Tras la fracasada incursión vuelve a retirarse a la notaría otro rato, aunque tres años más tarde la política volvería a llamar a su puerta, ahora sí por conducto de López Obrador. Para entonces su paisano ya era el Peje, gobernaba la Ciudad de México y no escondía su deseo de ser presidente. Le pidió que le ayudase a coordinar los estados del sureste para la campaña a la presidencia del país en 2005; habría que recordar que López Obrador solicitó licencia de la jefatura de Gobierno de la capital justo un año antes de los comicios, y necesitaba cuadros locales para preparar un largo periplo por el país. Adán Augusto López, con 43 años, asumió que, al margen de los resultados, era un buen reto para salir de la cotidianidad de las tareas notariales. Fue apenas entonces cuando se registró en el PRD y comenzó a fungir como operador político de López Obrador en la región.

Aunque al final el asalto a la silla presidencial fue infructuoso, sus esfuerzos fueron reconocidos y consiguió, por fin, cosechar algo de lo sembrado: en 2007 fue elegido diputado local por representación proporcional y dos años después fue designado candidato a una diputación federal, ahora sí por mayoría relativa, y obtuvo el distrito 4. A los 46 años, por vez primera, experimentaría la política nacional desde la capital.

En este punto habría que insistir en que, si bien las familias de Adán y Andrés Manuel se conocían, median entre ellos 10 años. López Obrador dejó Tabasco en 1983, a los 30 años, cuando López Hernández tenía 20, y desde entonces su familia residiría mayormente en la Ciudad de México, donde sus hijos estudiarían. Si bien López Obrador regresa de manera intermitente para hacer dos campañas a la gubernatura (1988 y 1994) y para organizar el PRD local entre estas dos fechas, será una residencia itinerante. En ese momento Adán Augusto todavía era priista y seguiría siéndolo ocho años más. Con todo, se trataba de un cuadro político de alto perfil local, bien visto por las corrientes obradoristas de Tabasco y con una relación con el líder que, si bien no era íntima, sí era familiar y relativamente antigua. Eso le bastó para escalar posiciones hasta convertirse en uno de los cuadros estratégicos del obradorismo tabasqueño. Con los años la relación se haría más cercana; Adán ha mencionado que tomó la costumbre de facilitar un auto con chofer para trasladar a López Obrador del aeropuerto de Villahermosa al rancho de Palenque, en sus frecuentes visitas familiares y de descanso. En ocasiones lo acompañaba parte o la totalidad del trayecto.

Cada vez más obradorista, se animó a competir por la candidatura perredista al gobierno de Tabasco en 2012, pero le tocó enfrentarse a un verdadero peso pesado: Arturo Núñez Jiménez, quien le ganó en la encuesta interna del PRD en proporción de 3 a 2. Núñez era senador por el partido amarillo, pero lo antecedía una larga trayectoria priista que incluía una subsecretaría en Gobernación, la conducción del IFE y la del Instituto del Fondo Nacional de la Vivienda para los Trabajadores (Infonavit), entre otras responsabilidades.

El premio de consolación para Adán Augusto no fue menor; ese mismo año fue electo senador de la República por Tabasco. Dos años después, al nacer Morena, y como el resto de los obradoristas, abandonó el PRD y en 2016 fue nombrado dirigente estatal del nuevo partido en Tabasco. Para 2018 el notario que prefirió la política estaba listo para conquistar su tierra. Su trayectoria, el padrino y el momento le permitieron enfrentar la precandidatura al gobierno del estado sin un rival a la vista y la campaña misma se convirtió en un paseo en alfombra roja. Obtuvo dos tercios de la votación.

El gobernador severo

Cobra especial importancia desentrañar el perfil político o ideológico de la primera parte de la carrera de López Hernández, porque en realidad se le había conocido esencialmente como legislador (dos veces diputado, local y federal, y senador) y como tal se había caracterizado por una disposición poco protagónica, al grado de que algunos podrían describir su desempeño en las cámaras como «nadar de muertito». No se recuerdan *improntus* destacados en la tribuna, iniciativas de ley que lleven su nombre o liderazgos en comisiones decisivas. Se le tenía como un elemento disciplinado y respetado por sus vínculos personales con el líder máximo, y como operador confiable de las tareas recibidas. Sin embargo, él mismo reconoce que su interés estaba focalizado exclusivamente en la política de su tierra; «llegaba a las sesiones los martes y a veces lograba regresarme el mismo martes», dice refiriéndose a sus tareas como legislador federal.[2] A diferencia de sus colegas, no buscaba formar parte de comisiones destacadas o protagónicas, mucho menos dirigirlas.

Su arribo a la gubernatura del estado ofrece, por vez primera, dimensionar la sustancia propia de la que estaba hecha la vocación política de este personaje, al tratarse de un puesto que ofrece amplios márgenes de maniobra personal. Sin embargo, no resulta fácil hacer una valoración del gobernador Adán Augusto López,

---

[2] Entrevista personal con el autor, 23 de enero de 2023.

considerando que su gestión duró apenas 32 meses, menos de medio sexenio; demasiado poco para un análisis de sus políticas y sus resultados. Con todo, algunas decisiones puntuales permiten atisbar rasgos de carácter e inclinaciones ideológicas.

Particularmente polémica resultó la llamada *Ley Garrote*, impulsada por el gobernador y aprobada en 2019 por el Congreso local, que pretendía castigar con penas de cárcel a quien obstaculizara la construcción de obras públicas o privadas. Aunque el texto original enviado por el Ejecutivo estatal contemplaba penas de hasta 20 años de cárcel, el texto definitivo fue ajustado tras las protestas locales y nacionales.

El artículo 308 Bis estableció que…

> Al que extorsione, coaccione, intente imponer o imponga cuotas o impida total o parcialmente el libre tránsito de personas, vehículos, maquinarias o equipos especializados o similar para la ejecución de trabajo de obra pública o privadas en las vías de comunicación de jurisdicción local al que se refiere el artículo 306, se le impondrá prisión de seis a 13 años y multa de 1 000 a 2 000 veces el valor diario de la Unidad de Medida y Actualización, sin perjuicio de las penas que correspondan por otros delitos que resulten. La pena se incrementará en una mitad más cuando en la comisión del delito, el sujeto activo se haga acompañar de personas menores de edad o se emplee violencia.

Tras las duras críticas afrontadas a nivel local y nacional, poco después la ley estatal fue declarada inconstitucional por la Suprema Corte, con cargo a la factura política del gobernador. Con la ley, Adán Augusto López intentaba resolver un conflicto puntual que impedía un acceso a una de las obras preparatorias de lo que sería la refinería de Dos Bocas. Con su iniciativa asumió que resolvía una preocupación personal del presidente y a la vez neutralizaba la acción de líderes sociales que habían convertido en un *modus operandi* la extorsión mediante el bloqueo al paso de alguna obra de Pemex. La ley resultante en efecto combatía ese chantaje, pero sus alcances e implicaciones generaron temor y posteriormente repulsa.

López Obrador estaba enterado de la existencia de la ley, por boca del gobernador, pero no parecía del todo consciente de sus implicaciones; en otras ocasiones el presidente se había mostrado contrario a llevar a la cárcel a los participantes en manifestaciones en la vía pública, recordando las ocasiones en que él mismo fue amenazado con tales represalias durante su trayectoria como opositor. Sin embargo, cuestionado en una mañanera respecto a la *Ley Garrote*, su respuesta es un tanto ambigua, en todo caso. «Tengo información, no es así, se está buscando corregir un vicio, que se sobornaba a autoridades y en particular a Pemex para poder llevar a cabo un trabajo de Pemex o de una compañía que trabajaba para Pemex, se les extorsionaba para poder cobrar 500 000 pesos a la semana. Eso no es así, no es la cosa. Ojalá y el gobernador de Tabasco lo aclare. No es para reprimir libertades, es para que no haya sobornos, que no se instaure el moche como forma de gobierno».[3]

Algún crítico podría preguntarse si el presidente habría dejado correr la iniciativa para tantear la reacción de la opinión pública frente a un problema que parecía agravarse año con año (la toma de vías y carreteras), particularmente de cara a los previsibles obstáculos que enfrentarían la construcción del Tren Maya o de la refinería de Dos Bocas. Lo que se desprende de su respuesta es que el presidente no estaba al tanto del texto puntual de la ley sino tan sólo de la justificación que habría recibido del gobernador, quien siempre adujo que su iniciativa estaba dirigida en contra de los extorsionadores y de las exigencias de moche en las obras públicas.

Otra controversia, más anecdótica que trascendente pero ilustrativa de la vena claridosa, incluso rijosa, que puede tener

---

[3] Conferencia de prensa, «Mañanera», 30 de julio de 2019.

el funcionario surgió en noviembre de 2020, tras la inundación de varios municipios tabasqueños por causa del desfogue de agua en la presa Peñitas, como resultado de las fuertes lluvias semanas antes. La tragedia, que dejó una decena de muertos y miles de damnificados, provocó una profunda molestia entre la población y una fuerte presión sobre el gobierno estatal. Adán López se defendió culpando en duros términos a la CFE, a la que acusó de hacer un manejo imprudente e irresponsable de la presa y señaló que su gobierno demandaría a la empresa pública para buscar la reparación de los daños provocados. En círculos nacionales sorprendió la severidad del reclamo, tratándose de un gobernador perteneciente al partido oficial, así como el medio utilizado para darlo a conocer: su propio Twitter y el noticiero de radio de Carlos Loret de Mola, pluma de vomitar de López Obrador.

Lejos de haber sido un mero exabrupto, el tema siguió escalando. Interrogado, al salir de Palacio Nacional, Manuel Bartlett, director de la CFE, se desembarazó de un reportero respondiendo que la demanda le provocaba risa. La reacción del gobernador ante esta respuesta del titular de la paraestatal encendió alarmas: acusó al funcionario de cínico e irresponsable, y reiteró la intención de presentar una demanda por negligencia criminal. Un día más tarde, en la sesión mañanera, el presidente intentó enfriar el tema señalando que en su gobierno se respetaba que los funcionarios se expresaran libremente y aseguró que en realidad los medios estaban inflando el tema: «Le traen ganas a Manuel Bartlett», concluyó. Tal vez la presidencia intervino para apaciguar los ánimos, porque días más tarde se anunció una puesta en común entre Tabasco y la CFE para definir criterios para el desfogue de aguas en la presa Peñitas.

Lo que está claro es que estos incidentes no generaron algún tipo de reserva en López Obrador; en agosto de 2021 le pidió convertirse en su secretario de Gobernación.

Adán, *the new kid in town*

¿Por qué lo trajo? La designación de Adán López para la oficina de Bucareli por parte del presidente podría tener dos explicaciones, no necesariamente excluyentes. Por un lado, la urgencia de contar con un operador político para la segunda mitad del sexenio; por otro, ampliar la baraja de la sucesión. Todo indica que el motivo original, la operación política, fue el primero, y que el tiempo y las circunstancias activaron el segundo propósito. Esto es, convertirlo en la tercera corcholata.

Durante la primera mitad de su gobierno Andrés Manuel López Obrador decidió no contar con una figura política de peso y prefirió fragmentar las tareas operativas y de gestión por varias vías, todas ellas controladas por él sin mayor mediación. Julio Scherer, responsable del área jurídica, manejó algunos temas importantes; Ricardo Monreal, coordinador del Senado, los relativos a gestión legislativa y relación con otros partidos y parte de la clase política; Mario Delgado los relacionados a campañas y candidaturas; Alfonso Romo los vínculos con parte de la élite empresarial, y determinadas áreas de su especial interés fueron encargadas a mujeres de plena confianza que respondían directamente a él: Rocío Nahle, la construcción de la refinería de Dos Bocas; Raquel Buenrostro, la recaudación de impuestos; Ariadna Montiel, la derrama de recursos sociales. La relación con los gobernadores se la reservó el propio presidente, así como muchas tareas de seguimiento de los programas y políticas de su interés.

A la Secretaría de Gobernación, que en otras administraciones solía desempeñar trascendentes tareas de coordinación política de la administración en su conjunto, se le otorgó un rol restringido. Olga Sánchez Cordero, titular inicial de esa oficina, no pertenecía al obradorismo ni al primer círculo del presidente, pero constituía una figura respetada por la clase política, en su calidad de exministra de la Suprema Corte. El presidente recurrió a ella para encomiendas muy puntuales, pero la mayor parte del tiempo cumplió responsabilidades de representación institucional, lo más cercano a un vicepresidente en tareas formales.

Sin embargo, a mediados del sexenio la fórmula comenzó a ser desbordada. Por un lado, el reconocimiento por parte del presidente de la imposibilidad de estar todo el tiempo en todos los frentes. A la mitad del sexenio estaba claro que muchas metas quedarían incompletas si no se aceleraba el ritmo.

Por otra parte, y más grave, las tareas del mandatario, de por sí inabarcables, súbitamente se multiplicaron con la defenestración de varios de sus operadores. Julio Scherer abandonó el puesto tras una serie de escándalos políticos y presunta corrupción; Ricardo Monreal, a pesar de continuar en su puesto, perdió la confianza del presidente y en la práctica fue desterrado de Palacio Nacional. Y aunque menos estratégico que los dos anteriores, Alfonso Romo decidió regresar a Nuevo León ante la imposibilidad de mantener una política definida respecto al ámbito empresarial. La complejidad de los muchos frentes abiertos resultaba excesiva.

La situación llevó al presidente a un cambio de estrategia para la segunda mitad del sexenio. Decidió recuperar el papel tradicional del secretario de Gobernación, de tal manera que esta oficina pudiera encargarse de buena parte de las responsabilidades que habían asumido los tres operadores eclipsados, más otras tareas puntuales de arbitraje y representación política. Entre otras cosas, la relación personal con 32 gobernadores a partir de una esporádica gira de fin de semana resultaba a todas luces insuficiente para articular las muchas intersecciones entre la acción federal y regional. Devolver a la Secretaría de Gobernación su protagonismo parecía una buena idea. Volvía a institucionalizar el enorme poder que supone ser el negociador político del presidente. En lugar de seguir actuando a través de actores como Scherer o Monreal, que adquirieron un poder arbitrario ya que residía en sus personas, López Obrador restituía el cargo formalmente diseñado para esa tarea.

Decidida la estrategia, faltaba conseguir a la persona indicada. Tenía que ser alguien en el justo medio para ejercer la enorme responsabilidad sin causar problemas. Alguien que verosímilmente fuera percibido por los actores de poder con la suficiente fuerza, pero al mismo tiempo no pusiera en riesgo el liderazgo absoluto del presidente. Es decir, un cuadro con estatura política importante, pero que su peso no procediese realmente de su trayectoria, sino de la confianza que le otorgaba el líder del movimiento. Terminó siendo una descripción de puesto para alguien con el perfil de Adán Augusto López.

El 29 de agosto de 2021, arrancando el segundo tiempo de la administración obradorista, el gobernador de Tabasco dejó de serlo para convertirse en la segunda versión de secretario de Gobernación del sexenio. Esta vez, sí, convertido en coordinador del gabinete político del país.

Gobernación versión 2.0

Habría que preguntarse si desde ese instante el presidente consideraba ya la posibilidad de convertirlo en un aspirante más en la sucesión. No parece evidente. El propio secretario lo negó en diversas ocasiones, y en corto ha señalado que al invitarlo el presidente le había advertido que ocupar la oficina de Bucareli no significaba que podía insuflarse de aspiraciones presidenciales. López Obrador era consciente de que, al margen de sus intenciones, las especulaciones políticas adquirirían vida propia. A la postre, terminaron por imponerse.

Lo haya deseado o no, lo cierto es que en el imaginario popular y en las reglas no escritas de la clase política y los medios, el secretario de Gobernación es un precandidato automático para la sucesión presidencial. Si bien es cierto que Luis Echeverría fue el último que saltó de la oficina de Bucareli a la silla presidencial, hace medio siglo, también lo es que en la mayoría de las ocasiones los presidentes en funciones colocaban a su mejor prospecto justo en esa secretaría para mejorar sus probabilidades; así lo hicieron Ernesto Zedillo (Esteban Moctezuma), Vicente Fox (Santiago Creel), Felipe Calderón (Camilo Mouriño), aunque fracasaron en su intento, por una razón u otra. Sin embargo, al margen de la estadística, la preeminencia de todo secretario de Gobernación sobre el resto de sus colegas y la tradición política mexicana convierten a ojos de la opinión pública en aspirante presidencial a todo titular de esa oficina. Y eso López Obrador no podía ignorarlo. Si la presencia de Olga Sánchez Cordero, en el primer gabinete de López Obrador, no generó tales percepciones se debió al hecho evidente de que no formaba parte del círculo cercano al presidente, no procedía del ámbito político o económico, sino del jurídico, y su edad no era la más propicia para competir (tendría 77 años al arrancar el próximo sexenio).

En un régimen en donde el poder y la influencia deriva en gran medida de la percepción que los actores tienen sobre la cercanía o lejanía con 'el líder, las características de la exministra no eran las idóneas para reconvertir a la titular de Gobernación en el brazo operador del presidente. Habría estorbado el hecho de que otros miembros del gabinete y del obradorismo se sentían con mayor derecho de picaporte, amistad y confianza con el presidente, como para sentirse obligados ante una exigencia o presión de la ocupante de Bucareli. Es decir, había que cambiarla.

Lo anterior no significa demeritar las tareas realizadas por Olga Sánchez Cordero. Durante tres años fungió como una figura digna y presentable para hacer tareas de relaciones públicas de alto nivel y contribuyó a dotar al régimen de una imagen de institucionalidad, amén de algunas encomiendas encargadas directamente por el presidente. Me parece que en el limitado espacio que le otorgó este apretado diseño institucional fijado por Palacio Nacional, ella hizo un trabajo digno e, incluso, como en el tema de las mujeres, con autonomía y un sello personal más allá de la opinión del presidente. Pero, obviamente, no eran estas virtudes lo que el mandatario estaba buscando para la segunda mitad del sexenio.

Los éxitos del otro López

Aunque la designación de Adán Augusto López tomó por sorpresa a la opinión pública, entre otras cosas por la escasa información que se tenía sobre el reservado gobernador de Tabasco, en muy pocas semanas los actores políticos habían reajustado su percepción y, por ende, su relación con su oficina. Estaba claro que el funcionario gozaba de la confianza del presidente y negociaba directamente en su nombre.

En los siguientes meses el secretario se desplegó en todos los frentes. Por un lado, volvió a restablecer la conversación con Ricardo Monreal en el Senado, que prácticamente estaba rota con el Ejecutivo federal; con él preparó el terreno para las polémicas iniciativas presidenciales que vendrían en los siguientes meses. Intentó establecer acuerdos políticos con las dirigencias de los partidos de la oposición, y aunque con el PAN las conversaciones no fructificaron, con Alejandro Moreno, Alito, presidente del PRI, estableció un vínculo permanente que facilitaría el apoyo priista a las propuestas obradoristas sobre la participación del ejército en tareas de seguridad.

Adán Augusto se dio a la tarea de visitar a los gobernadores de oposición para negociar los proyectos clave del presidente y responder a las peticiones prioritarias de las entidades federativas. El apoyo al Tren Maya o los temas fronterizos eran tratados con la confianza de que el secretario representaba al presidente y en tal carácter hablaba también por la Secretaría de Hacienda y otros ministerios.

Empresarios, líderes de fracciones, gobernadores, dirigencias partidistas, líderes sindicales y cualquier actor político que no había tenido un acceso fluido con el Ejecutivo, entre otras razones por la apretada agenda del presidente, súbitamente encontraron un interlocutor válido y dispuesto a tratar sus temas.

Y si bien es cierto que López Obrador mantuvo las encomiendas concretas con cada uno de sus secretarios, fue notoria la recurrencia a Adán Augusto cuando un tema cruzaba a varios ministerios o cuando de plano era enviado a apagar fuegos. Desde conflictos en la frontera, desastres naturales, retrasos en los proyectos prioritarios, controles en la aeronáutica mexicana, conflictos mineros (Cananea), crisis de agua en Nuevo León hasta árbitro en desencuentros entre sindicatos federales y gobiernos estatales (Sindicato Nacional de los Trabajadores de la Educación y Edomex), por citar algunos.

¿Árbitro político o corcholata?

El periodo de oro de Adán Augusto López como secretario de Gobernación en estricto sentido sólo duró ocho meses. Como ya se ha señalado, había sido designado el 29 de agosto de 2021, pero en abril del año siguiente López Obrador lo lanzó a la arena política con otra camiseta, al incluirlo en la lista de presidenciables. Este simple hecho paró en seco la cadena de éxitos del flamante alfil del soberano.

La decisión de López Obrador no debió haber sido fácil, pues convertirlo en un rival en la contienda le permitía ganar en un terreno (ampliar la baraja, diversificar el fuego amigo y enemigo entre los candidatos), pero perdía en otro (la calidad de la operación política disminuía notoriamente).

Había muchas razones para no contaminar el rol del operador político con el rol de precandidato en contienda. Algunos presidentes ya habían entendido la conveniencia de separar ambas tareas. Entre otras razones, para asegurar que hasta el último instante este operador mantuviera su efectividad como correa de transmisión del presidente en funciones, al margen del futurismo y el reacomodo de las fuerzas políticas con la vista puesta en el siguiente sexenio. Tal separación busca, además, conservar intacto un «fusible» al servicio del presidente quien, ante una emergencia política, tiene la posibilidad de sacrificar al titular de Bucareli. En buena medida ésa es la razón por la cual desde hace más de 50 años ningún secretario de Gobernación se ha convertido en presidente. Con esta lógica algunos mandatarios terminaron por asumir que el verdadero delfín debía ser colocado en secretarías menos expuestas al desgate paulatino o a una crisis inesperada.

No deja de ser interesante que Carlos Salinas de Gortari haya sido el primer presidente en responder a esta lógica, resultado seguramente de la moraleja que dejaron las dificultades que tuvieron sus tres predecesores para designar a un candidato ajeno a la oficina de Bucareli. Luis Echeverría debió contener a su poderoso secretario Mario Moya Palencia; José López Portillo tuvo menos dificultades porque su ministro, Jesús Reyes Heroles, carecía de la nacionalidad mexicana, aunque hubo presiones para cambiar la Constitución al respecto. Y Miguel de la Madrid debió convencer a Manuel Bartlett de retirar la intensa precampaña que su corriente había realizado y dejar el paso a la candidatura de Carlos Salinas. Este decidió colocar en Gobernación a alguien a quien no se le atribuyera una oportunidad presidencial alguna: Fernando Gutiérrez Barrios ocupó la posición durante la mayor parte del sexenio, un operador de las gestiones políticas a puertas cerradas y en ocasiones la vía para canalizar las decisiones «oscuras» del régimen. Le sucedieron en el último tramo Patricio González Garrido y Jorge Carpizo, caracterizados por perfiles igualmente improbables para la sucesión, aunque por otras razones.

Con la designación de Olga Sánchez Cordero, el presidente López Obrador parecía haberse acogido al anterior esquema, es decir, dejar a la oficina de Bucareli al margen de las rivalidades sucesorias. Incluso durante los primeros meses de la gestión de Adán López se mantuvo esa percepción, particularmente porque para entonces la competencia parecía haberse reducido por completo a los dos punteros. Las especulaciones sobre las posibilidades de un tercer contendiente se concentraban, más bien, en las columnas políticas empeñadas en encontrar nuevos temas. Todo eso cambió el día en que López Obrador lanzó al ruedo a su ministro de Gobernación.

A partir de ese momento, para gobernadores de Morena, miembros del gabinete y en general actores políticos, ya no se trataba sólo del gestor número uno del presidente, sino esencialmente de un adversario de Claudia Sheinbaum y Marcelo Ebrard, sus dos poderosos rivales. La relación que cada político o empresario tuviera con estos dos últimos definiría ahora su disposición o no para conceder un triunfo político a las gestiones del secretario candidato.

Con esta doble «cachucha» (secretario de Gobernación y rival en precampaña), Adán López se convirtió en personaje incómodo para algunos gobernadores y titulares de otros poderes. Al llevar la representación del presidente a una toma de posesión o a una ceremonia, el poder anfitrión debe recibir y dar su lugar al enviado presidencial, pero también debe asegurarse de que esto no sea leído como un espaldarazo político a la candidatura del funcionario. No hay nada más apetecible para un aspirante al trono que encabezar actos y ceremonias en los que pueda lucir presidenciable. Vale la pena recordar, en la visita de Donald Trump a Los Pinos, cuando aún era un candidato para llegar a la Casa Blanca, el empeño que desplegó su equipo para asegurar que la entrevista con Enrique Peña Nieto y la posterior rueda de prensa parecieran un acto de mandatarios, banderas incluidas. Es justo lo que ahora busca el equipo de Bucareli ante la frecuente incomodidad de los anfitriones de muchos de estos actos.

El desgaste

Más recientemente la opinión pública tomó nota de algunos exabruptos y errores de parte del, hasta entonces, impecable operador político. Quizá la necesidad de contrarrestar la ventaja de Claudia y Marcelo lo llevaron a incurrir en una arriesgada estrategia. Lo cierto es que, súbitamente, pasó de operador político institucional a ariete para golpear a gobernadores de oposición o a regiones geográficas alejadas del obradorismo.

El 19 de octubre de 2022 rompió lanzas con una inesperada declaración. «Los del norte dicen que no le aportamos gran cosa a la federación porque, para empezar, no sabemos trabajar, que los esforzados y los trabajadores son ellos. Pero lo que no saben es que nosotros somos mucho más inteligentes que ellos». El mismo día lanzó duras críticas en contra de gobernadores de la oposición que no favorecían las reformas del presidente encaminadas a militarizar la seguridad pública. Ironizó al afirmar que al gobernador de Nuevo León, Samuel García,

> se le hace fácil levantar el teléfono, porque no es capaz ni de mandar un oficio para que le manden más elementos de la Guardia Nacional, y allí hay desplegados […] 8 320 elementos […]. El gobernador, porque se los voy a decir con todas sus palabras, actúa con hipocresía y con egoísmo, ¿saben ustedes cuántos elementos de policía estatal hay en Monterrey y la zona metropolitana? Ahí se llama Fuerza Civil, hay 1 287 policías que en realidad no prestan servicios de seguridad pública.[4]

El reclamo alcanzó a los gobernadores de Jalisco y Chihuahua en el mismo sentido: el uso que hacen de las fuerzas

---

[4] *Proceso*, 19 de octubre de 2022. Consultado en https://www.proceso.com.mx/nacional/estados/2022/10/19/adan-augusto-se-lanza-contra-samuel-garcia-actua-con-hipocresia-egoismo-295436.html.

federales, pero su hipócrita actitud al no defender el fortalecimiento de estas fuerzas. Los tres respondieron rechazando o
ironizando las inesperadas críticas.

Días más tarde advirtió que había un proceso legal en contra
de Felipe Calderón, al que llamó Felipe el Pequeño, acusándo-
lo de ser traficante de armas. El propio López Obrador debió
aclarar, en la siguiente mañanera, que no existía algún tipo de
investigación o acusación al respecto. Unas horas más tarde Adán
López debió corregirse: «Yo no señalé que hubiera una averiguación en contra de nadie».

Lo que llama la atención fue la naturaleza gratuita de estas
polémicas declaraciones, en el lapso de unos pocos días, muy
contrastantes con el trabajo prudente y conciliador que venía haciendo. Resulta evidente que no se trató de un exabrupto o una
súbita imprudencia, sino de una decisión calculada. La única
lógica que podría encontrarse en ello es la necesidad de impri-
mir un giro drástico en la estrategia de precampaña. Los datos
parecerían confirmarlo: aunque el presidente lo había lanzado
a la precandidatura seis meses antes, las encuestas de intención de
voto no mejoraban sustancialmente su posición; seguía muy
detrás de los dos punteros, pese al enorme escaparate que ofrecía
el puesto de Gobernación. En su cuarto de guerra debió colarse la
idea de que el secretario tendría que hacer algo distinto. Y, por
lo visto, lo que se asumió es que una actitud beligerante podía
ser la respuesta. Si el presidente recurría todos los días a los
tambores de guerra, emularlo y convertirse en su ariete podía
ser una buena estrategia a ojos del obradorismo y su líder.

En realidad no lo fue. Primero, porque López Obrador
prefiere escoger los momentos, la intensidad y la identidad del
pleito contra todo aquel a quien sube al ring, y no verse envuel-
to en batallas ajenas, como lo demostró su deslinde en el caso de
Felipe Calderón. Sólo él lleva el pulso para definir a qué y a
quiénes de la arena pública conviene enfriar o calentar. Y, segundo, y sobre todo, la beligerancia de su operador político habría

arruinado cualquier utilidad para arbitrar, convocar y negociar con otros actores políticos.

Tras estas reacciones, hay que decirlo, el secretario interrumpió la estrategia y volvió de inmediato a su tono conciliador e institucional. Dos meses más tarde en una visita al norte aseguró que no había norte y sur, en un país donde todos éramos mexicanos.

Sin embargo, la opinión pública terminó anexando los incidentes a la percepción del talante político del personaje. Tampoco ayudó un par de declaraciones polémicas que hizo en esos pendencieros días, y que abonarían a la noción de un temperamento autoritario.

En ese mismo octubre (2022), en Tlaxcala, el secretario afirmó a propósito de la violencia intrafamiliar: «No hay que ser tan pegalones». Probablemente lo hizo pensando que era una frase favorable a la agenda femenina, pero, sin duda, fue leída como si sostuviese que era aceptable pegar sólo un poco. Y no mejoró tras haber añadido, respecto a la violencia familiar, «No crean que es de unos a unas, es de los dos lados».

Unos días más tarde, en Hidalgo, al pedir el apoyo de los legisladores de la entidad a la reforma que ampliaba las atribuciones de las fuerzas armadas hasta 2028, se le ocurrió mencionar que un militar sí puede ser presidente de la República, siempre y cuando se someta a las urnas. El comentario, absolutamente gratuito, debió haber causado incomodidad en Palacio Nacional, porque ofrecía argumentos a los críticos que aseguran que la nueva ley escondía una oportunidad para el involucramiento de los militares en la política; algo que la 4T ha negado una y otra vez.

La campaña que no es campaña

Aunque fue breve, esta actitud extrovertida y polémica coincidió también con una fase particularmente activa en las tareas de campaña. Para ser justos, habría que decir que en cierto modo el secretario no quiso quedarse atrás de la evidente estrategia de promoción que habían puesto en marcha sus dos rivales. Las giras de Claudia Sheinbaum y Marcelo Ebrard eran evidentes y con pretextos apenas verosímiles y en ocasiones caricaturescos, y los mensajes velados y no tan velados en bardas y espectaculares de ambos proliferaban en el país. Al #EsClaudia y #MarceloVa, el de Gobernación respondió con un ambivalente «Que siga López».

El problema para el candidato más rezagado es que está obligado a ir a todas y, al menos en teoría, su disposición al riesgo tendría que ser mayor que la de los punteros. Él, al igual que sus dos rivales, ha sido criticado por la opinión pública luego de los excesos en actos de precampaña. La utilización de un avión militar para acudir a un acto partidista o los saludos orquestados por varios futbolistas a través de TikTok no son muy distintos que los excesos de espectaculares con la imagen de Claudia Sheinbaum o las muchas bardas con el nombre de Marcelo.

Sin embargo, habría que destacar la indudable ventaja que lleva Adán Augusto López para trabajar políticamente el territorio. Mientras que Marcelo Ebrard se ve constreñido por sus responsabilidades internacionales a encontrar pretextos para hacer giras al «interior» del país, sin ser acusado de distraerse de sus responsabilidades; Claudia Sheinbaum lo tiene aún peor. Tras la tragedia de la Línea 3 del Metro a principios de enero (2023), se hizo aún más difícil para Sheinbaum escaparse de la ciudad y promover su candidatura en el resto de la República. No es el caso del secretario de Gobernación, cuyas tareas no sólo le permiten recorrer el país, sino también negociar con actores políticos y líderes en cada región, algo indispensable para construir alianzas.

¿Tiene posibilidades?

En materia de desenlaces no hay fórmulas seguras, particularmente en el caso del sexenio del cambio, caracterizado por un estilo presidencial que gusta de romper tradiciones políticas. Sin embargo, por el momento los números no lo favorecen aun cuando tendencialmente ofrecen mucho espacio para mejorar. Es el candidato con mayor dinamismo tendencial en la evolución de las encuestas de intención de voto, pero su punto de partida ha sido varios niveles por debajo de sus rivales. Por lo demás, es el personaje con mayor variación en las encuestas entre las distintas empresas dedicadas al tema: unas lo ubican ya cerca de las posiciones de Marcelo Ebrard, otras, en cambio, a una distancia considerable. El tema de fondo es si esa mejoría alcanzará a hacerlo competitivo en el otoño de 2023.

En la correlación de fuerzas que pueden dimensionarse, los apoyos con los que cuenta también son más exiguos que los de sus rivales, aunque sus tareas como operador político le han permitido ir emparejando el marcador. Entre su equipo contabilizan a su favor a un grupo importante de gobernadores: Sonora, Michoacán, Baja California, Baja California Sur, Chiapas, Sinaloa, Nayarit y Tabasco; aunque se trata de una lista esencialmente especulativa.

Le favorece contar con un entorno familiar con mayor proyección política que sus adversarios. Está casado con la maestra Dea Isabel Estrada Rodríguez, con quien, a diferencia de sus rivales, se mantiene unido en primer matrimonio. Con ella tiene tres hijos cuyos nombres empiezan con la letra A: Adán Payambé de 24 años, Augusto Andrés de 22 y Adrián Jesús de 16. Pero son sus hermanas las que aportarían algún apoyo adicional. Rosalinda López Hernández es administradora general de la Auditoría Fiscal Federal del Sistema de Administración Tributaria, y es un cuadro vinculado a López Obrador desde hace décadas. Está casada con el actual gobernador de Chiapas,

Rutilio Escandón. Otra hermana, Silvia, es esposa de Humberto Mayans, exsenador en dos ocasiones. Su hermano más joven, por otra parte, se dedica a la notaría, al margen de cualquier interés político. En sentido opuesto, causó consternación la crítica que José Ramiro López Obrador, Pepín, hermano del presidente, externó en octubre de 2022 sobre el papel de Adán como gobernador de Tabasco. Unas semanas más tarde suavizó los adjetivos, pero confirmó explícitamente que él estaba con Claudia en el proceso de sucesión.[5] Pepín carece de un papel protagónico como tal en el movimiento, pero los apellidos, sin duda, pesan.

A principios de febrero de 2023 Adán Augusto afirmó que en octubre decidiría si participa o no en la ronda final para aspirar a la presidencia. Morena acababa de dar a conocer el calendario tentativo del proceso de selección del candidato. En septiembre se realizaría la primera consulta con una decena o más de aspirantes, y los cuatro punteros disputarían la ronda definitiva a finales de noviembre o diciembre. La declaración de Adán constituye una tácita descripción de su estrategia: de aquí a septiembre hará todo lo necesario para levantar su posición en la intención de voto y según el resultado habrá de quedarse o retirarse. Si no logra empatar o superar a Claudia Sheinbaum, su presencia en la encuesta final simplemente la perjudicaría. Para nadie es un secreto que al ser de Tabasco y muy cercano a López Obrador, muchos de los votos que obtenga el secretario de Gobernación son votos perdidos para la otra candidata «obradorista». Tiene sentido que, en octubre, antes de la organización de la encuesta definitiva tome la decisión de quedarse, si es que se ha convertido en la mejor opción para suceder al presidente, o de retirarse si Sheinbaum lo supera, para no perjudicar a su aparente favorita.

---

[5] Infobae, 11 de diciembre de 2022. Consultado en https://www.infobae.com/america/mexico/2022/12/11/hermano-de-amlo-descarto-pleito-con-adan-augusto-lopez-pero-indico-que-su-apoyo-esta-con-sheinbaum/.

En suma, los augurios no lo favorecen, pero mientras no haya decisión todo es posible. Lo cierto es que el desafío no es menor. Para llegar a la silla presidencial Adán Augusto López Hernández tendrá que romper un puñado de maleficios que operan en su contra: en el México moderno nadie ha ganado saltando desde Bucareli; ninguna entidad, salvo la capital, ha reincidido en la presidencia (serían dos tabasqueños sucesivos); el trono nunca ha repetido dos veces el mismo apellido, por no hablar de que nadie ha remontado una intención de voto de 25 o 30 puntos de desventaja seis u ocho meses antes de la decisión.

Y por lo demás, parecería el más reciclable de los tres, en caso de que los dioses no lo favorezcan. Cabe la posibilidad de que el papel de árbitro austero y responsable al que ha intentado jugar pudiera trasladarse a la presidencia de Morena en la recta final, una vez arrancada la campaña presidencial, para presidir la desenfrenada rebatinga en la que se transformará la disputa por miles de candidaturas estatales, senadurías, diputaciones, presidencias municipales y demás. Pero esa es otra historia.

TERCERA PARTE

LA DECISIÓN

6. ¿QUIÉN DECIDIRÁ: LÓPEZ OBRADOR O LAS ENCUESTAS?

La definición del próximo presidente de México discurre por territorios inéditos, con lógicas que los protagonistas descubren cada día y otras que apenas nos imaginamos. Una cosa queda cada vez más clara, sin embargo: la elección de la persona que gobernará el país los siguientes seis años no surgirá realmente de los comicios del próximo verano ni de la participación de millones de ciudadanos organizados por el INE, sino de las encuestas que tendrán lugar en noviembre a partir del desempeño de un puñado de empresas encuestadoras privadas. Es tal la ventaja del partido oficial sobre la oposición en las encuestas de intención de voto, que habría que asumir que la madre de todas las batallas no tendrá lugar entre Morena y sus adversarios en las elecciones generales, sino en «las primarias» o internas que definirán al candidato del partido en el poder. Las encuestas dirán si es Claudia Sheinbaum, Marcelo Ebrard o Adán Augusto López el abanderado de Morena y, por consiguiente, casi seguro mandatario para el próximo sexenio.

En consecuencia, las rutinas a las que nos habíamos acostumbrado cada seis años en esta ocasión serán un trámite importante para definir la composición del Congreso y muchas gubernaturas, pero la presidencia se habrá resuelto seis meses antes. Y no deja de ser preocupante que el elaborado proceso de instalación de decenas de miles de casillas, la movilización de millones de ciudadanos, cuidadosos protocolos para el manejo y traslado de urnas, los conteos rápidos o el Programa de Resultados Electorales Preliminares (PREP) serán sustituidos o anticipados por una encuesta de varias empresas a unos pocos miles de personas sondeadas bajo criterios y metodologías aún gelatinosos.

La ruta crítica, dos levantamientos

A principios de febrero la dirigencia de Morena estableció apenas un esbozo de ruta crítica para elegir candidato:

1. En junio se crea un grupo de trabajo con los representantes de cada uno de los aspirantes para definir las reglas.
2. En julio el Comité Ejecutivo Nacional de Morena lanza la convocatoria para la inscripción de aspirantes presidenciales.
3. En agosto el Consejo Nacional de Morena determina qué perfiles entran en una primera encuesta de reconocimiento.
4. En septiembre se realiza la primera encuesta.
5. En noviembre los cuatro perfiles mejor posicionados entran a la encuesta definitoria. El ganador se llamará Coordinador de Comités de la 4T, para no violar la legislación electoral. Deberá renunciar de inmediato a su responsabilidad anterior.
6. En diciembre, antes del día 2, el ganador asume su encargo como candidato oficial de Morena a la presidencia.[1]

A esta escueta agenda podrían añadirse los comentarios que aquí y allá el presidente ha esbozado sobre la naturaleza de esta encuesta. En ocasiones ha mencionado una batería de 10 pre-

---

[1] Diario *Reforma*, portada, 3 de febrero de 2023.

guntas, en otras sólo cinco o seis; sobre el contenido ha adelantado que se podrían calificar algunos atributos de los aspirantes, como pueden ser la honestidad, la responsabilidad, la experiencia, la popularidad, etc. Ha hablado de que algunas preguntas podrían tener una ponderación mayor en la valoración final, al tratarse de rasgos más decisivos que otros. De igual forma ha variado la mención del número de empresas encuestadoras que participarían en el levantamiento. No está claro si todas estas sugerencias se incorporarían en el primero de los dos ejercicios, en el segundo o en ambos. Probablemente se trata de meros esbozos para ilustrar a la opinión pública el tipo de auscultación en el que se está pensando.

Una cosa es clara, sin embargo, la consulta será una proporción o muestra del total de la población, es decir, no será restringida a simpatizantes de Morena. Es una estrategia inteligente porque de esa manera el partido en el poder se asegura de nominar, entre sus candidatos, a aquel a quien más oportunidades le da el propio votante para ser elegido en las urnas.

Lo de menos será la elección de las empresas encuestadoras finales. Hay riesgos, desde luego, pero a estas alturas ya existe al menos media docena de empresas con amplia experiencia y reputación en la materia, y están identificadas aquellas que son «patito» y al uso del mejor postor. Incorporar a tres o más instituciones reconocidas, para disponer de resultados espejo confiables, descarta la sospecha de un levantamiento amañado.

El piso (dis)parejo

Si así fuese, el quid no reside en el riesgo de irregularidades en el levantamiento de las encuestas, sino en las condiciones en las que se dé la competencia entre los contendientes los meses previos: el llamado piso parejo o disparejo. En otras palabras, la mayor fragilidad del mecanismo de elección, sean comicios organizados por el INE o sondeos realizados por empresas encuestadoras, responde menos a la jornada decisiva y más a la posibilidad de irregularidades o variables subjetivas que afecten la competencia misma. ¿Cómo operarán los gobernadores de Morena? ¿Qué señales enviará el presidente respecto a los candidatos? ¿Cuán imparciales serán los dirigentes del partido para definir un cuestionario de levantamiento que sea verdaderamente imparcial?

Son preguntas que con dificultad aceptan respuestas categóricas. Inevitablemente existirán zonas grises; ¿cómo interpretar un gesto del presidente?, ¿en qué momento el apoyo moral de un gobernador por un candidato se traduce o no en apoyos indebidos de parte de sus funcionarios? El INE supervisa el proceso, las leyes electorales regulan las precampañas y el mecanismo interno de cada partido para seleccionar a sus candidatos, pero se trata de filtros gruesos. La verdadera legitimidad del proceso, aquella que podría evitar impugnaciones, reside en la percepción de los contendientes en el sentido de que el resultado final no fue definido por los inevitables negros en el arroz.

No es un debate sencillo porque algunas reglas del juego no son neutras, y no podemos ser inocentes al respecto. Tres ejemplos: exigir que los precandidatos renuncien a sus puestos de manera temprana o tardía, o incluso que permanezcan en ellos hasta el final, favorece a unos y perjudica a otros, justo por la naturaleza de estos puestos. Un mayor número de debates va en detrimento del puntero y beneficia a los que buscan remontar distancias. La incorporación de determinadas preguntas y no de otras tiene efectos contrastantes entre los precandidatos, porque ellos califican de manera diferente en atributos como experiencia, honestidad, reconocimiento, temas de seguridad, etcétera.

Son aspectos delicados que deben ser resueltos por consenso entre los candidatos, para establecer reglas del juego bajo las cuales ninguno se sienta derrotado de antemano. Marcelo Ebrard y Ricardo Monreal, cada cual, por su parte, han propuesto a los dirigentes de Morena algunos criterios básicos para asegurar una competencia pareja. El primero solicita al menos tres debates, separarse de los puestos meses antes del primer sondeo, encuestadoras profesionales, levantamiento con urna y una sola pregunta para evitar interpretaciones. Por su parte, Monreal ha solicitado que al menos sean cinco empresas encuestadoras las involucradas en el levantamiento final.

En junio sabremos si este difícil primer trance de conciliar las reglas del piso parejo se supera o se convierte en presagio de una tormenta.

Entre la favorita del presidente y la legitimidad necesaria

El verdadero desafío de la dirigencia de Morena es desterrar la lectura de que se ha perpetrado un manotazo unilateral para favorecer a un contendiente. Pero al mismo tiempo el obradorismo, la corriente predominante dentro del partido, desearía asegurar un candidato identificado plenamente con sus banderas. Son dos impulsos que podrían fluir en el mismo sentido y sin mayor contratiempo, por ejemplo, en el caso de que la aparente favorita del presidente también lo sea del público en general. Pero podría suceder que, en su afán de asegurarse, los operadores obradoristas establezcan condiciones envenenadas para la competencia y en el camino generen impugnaciones graves.

De ahí la importancia del debate que habrá de darse sobre las condiciones de competencia. Para efectos prácticos, el destino inmediato de los mexicanos dependerá de este ejercicio. Ya de por sí la polarización y la pasión política son un campo propicio para toda suerte de suspicacias, como para empeorar la crispación con una elección impugnada.

Morena ha hecho muy bien en convertir la elección de su candidato en una consulta a mar abierto entre todo tipo de ciudadanos, y no exclusivamente entre sus simpatizantes. Por la misma razón, me parece que tendría que abrir el debate a la opinión pública para definir los criterios que establezcan las reglas. Todo acuerdo unilateral, opaco o tomado en lo oscurito se convertirá en futura fuente de ilegitimidad y potencialmente de inestabilidad política. Las reglas del juego de este proceso tendrían que ser reconocibles por parte de los ciudadanos. Después de todo, son las que determinarán quién será el que presida los destinos de los mexicanos los próximos seis años.

¿Dedazo o voluntad ciudadana?

Dicho lo anterior, persiste la pregunta clave en toda esta reflexión: ¿serán las encuestas realmente el mecanismo para dilucidar la candidatura, como afirma Morena, o constituyen un mero artilugio para disfrazar la voluntad de López Obrador, como acusan sus críticos? Habría que reconocer que los antecedentes podrían alimentar cualquiera de los dos escenarios. En el lado oscuro está un caso tan reciente como el de Coahuila, en donde Ricardo Mejía, aspirante a la gubernatura, impugnó los resultados del levantamiento denunciando, con razón o sin ella, una intervención ajena a «la metodología» del levantamiento; o un caso más lejano como el que definió al candidato al gobierno de la capital hace cinco años entre Claudia Sheinbaum y Ricardo Monreal, cuando este último aseguró: «Gané la encuesta, pero no gané la decisión de quien toma las decisiones». Pero del otro lado también habría que reconocer que el mecanismo de las encuestas usado por Morena ha dado un trámite satisfactorio y sin impugnaciones a la mayoría de los casos.

En muchas de estas elecciones el presidente no ha tenido un candidato propio dentro de Morena en competencia con los restantes; más bien ha palomeado a los interesados o, en alguna ocasión, planteado objeciones o preocupaciones sobre determinados precandidatos. Y hay que decirlo, una opinión negativa suya sobre una determinada figura suele ser asumida como un veto por parte de la dirigencia de Morena y por sus seguidores. Y no podía ser de otra manera, tratándose del líder máximo y fundador del movimiento. Parecería, más bien, que en la mayoría de los casos el presidente simplemente se asegura de que los posibles contendientes estén en posibilidades de ganar y tengan tamaños para presidir una entidad.

Eso en muchas ocasiones, pero no en todas. Claramente hay otras en las que por razones que remiten al cálculo político o a compromisos y lealtades históricas, López Obrador habría impulsado a un candidato de su preferencia. Entre otros, Campeche (Layda Sansores), Guerrero (los Salgado) y Estado de México (Delfina Gómez). Por alguna razón, son situaciones en las que nadie pone en duda que los resultados reflejaron los deseos del mandatario. Y no necesariamente tendría que explicarse por una mano negra que ajusta el saldo de las encuestas, como han sugerido en ocasiones los candidatos derrotados.

Tengo la impresión de que el dilema «dedazo o encuesta» es un falso dilema en muchos de los procesos de los últimos años, porque por lo general los ciudadanos consultados suelen manifestarse por la opción que consideran es la favorita de López Obrador, sea porque coinciden con él o porque dan por sentado que el resultado favorecerá al candidato percibido como su preferido y optan por inclinarse por el ganador.

Ahora bien, en todas esas situaciones estamos hablando de elecciones en las que estaba en disputa una gubernatura y no la presidencia, en la que está en juego su legado histórico, la continuidad de su programa político y social. Una y otra vez el presidente ha dicho que no intervendrá y se sujetará al resultado de las encuestas, es decir a la voluntad del pueblo. El tema es, como hemos visto, que existen enormes márgenes en las condiciones de competencia para mejorar las posibilidades de un candidato. ¿En qué medida intervendrá el presidente?

Me atrevería a decir que en mucho dependerá de las propias circunstancias. La tendencia en la intención de voto entre los candidatos podría, incluso, hacer innecesaria una intervención o un excesivo protagonismo de Palacio Nacional; o, por el contrario, un pronóstico contrario al que se desea podría generar una enorme tentación para hacer algo al respecto. El animal político y líder de movimiento que es López Obrador podría entrar en tensión con el estadista republicano y figura histórica a que ha aspirado ser desde que llegó a ocupar los aposentos de Benito Juárez.

7. AND THE WINNER IS...

Claudia Sheinbaum será la primera mujer presidenta en la historia de México, salvo algún imponderable mayúsculo. Me permito esta afirmación al margen de cualquier preferencia personal y sólo como resultado del análisis expuesto en las siguientes páginas. Los astros parecerían estar alineados en beneficio de la actual jefa de Gobierno de la Ciudad de México, al menos en tres sentidos: primero porque, todo indica, se trata de la favorita del presidente; segundo, porque comienza a tomar una clara ventaja en las preferencias del electorado, a juzgar por el comportamiento en las encuestas de intención de voto; y tercero, porque al asegurar la candidatura por Morena tiene prácticamente garantizado un triunfo sobre la oposición.

Con todo, la lógica política no constituye una ciencia exacta. En cada una de estas tres premisas hay márgenes de incertidumbre, imprevistos ajenos a la ecuación, milagros inesperados y, por supuesto, nunca es descartable una debacle de proporciones históricas. Revisemos estas fortalezas y los factores de riesgo que podría enfrentar.

La favorita

Andrés Manuel López Obrador insiste en que Claudia Sheinbaum, Marcelo Ebrard y Adán Augusto López son sus hermanos y a los tres los ha puesto a competir por la sucesión muchos
meses antes de los comicios. Sin embargo, aunque todos tenemos hermanos de sangre o de la vida, también es cierto que a
unos los sentimos más cercanos que a otros. El presidente nunca
ha dicho que Sheinbaum sea la figura preferida para sucederlo,
sin embargo, es una percepción generalizada al menos a partir
de dos factores. Por un lado, es notoria la manera en que la
arropa cada vez que ha sido atacada o ha pasado por coyun-
turas desgastantes. La defensa de su imagen en enero de este
año, tras la tragedia de la Línea 3 del Metro, por ejemplo, se
realizó en Palacio Nacional y la estrategia de control de daños
la condujo el presidente; defendió la tesis del sabotaje (aunque
no usó la palabra) y anunció el despliegue de la Guardia Nacional para evitarlo. Todo con tal de disminuir el impacto que
el accidente podría ocasionar en la percepción de las capacidades administrativas de la jefa de Gobierno y, por ende, en
su reputación para aspirar a la presidencia. Es verdad que con
frecuencia López Obrador defiende a sus colaboradores de ataques de la prensa o de sus adversarios, pero resulta evidente la
intensidad y la rapidez con que lo hace en todo lo relacionado
con la alcaldesa de la capital.

Por otro lado, también es sintomático que el primer círculo
en torno a López Obrador y las cabezas de Morena se incli-
nen en favor de Sheinbaum. Algunos de manera explícita, otros
de forma apenas perceptible. Imposible verificar cabalmente
el dato, pero se atribuyen simpatías hacia su candidatura de parte
de Beatriz Gutiérrez Müller, esposa del mandatario; Jesús Ramírez, jefe de comunicación de la presidencia; en gran medida
todas las mujeres del gabinete, el presidente y la secretaria general de Morena y buena parte de los gobernadores. Un círculo

que, más allá de las inclinaciones personales de cada cual, difícilmente apoyaría a un candidato distinto al que, en su opinión, favorece el presidente.

Asumiendo sin conceder, porque en última instancia eso sólo lo sabe López Obrador, habría que preguntarse a qué obedecería tal preferencia. A mi juicio, existen cuatro razones:

1. Ideológica. En estricto sentido Claudia Sheinbaum es la única de las tres «corcholatas» que procede de la izquierda propiamente. O para decirlo de otra manera, Claudia siempre ha pertenecido a corrientes políticas cuya prioridad es la preocupación por la desigualdad social. Sus dos rivales nacieron en el PRI y ambos se integraron tardíamente al obradorismo. Adán Augusto López, un soldado del presidente, muestra una lealtad personal innegable, pero escasa comprensión, ya no digamos, fervor, por las banderas ideológicas que enarbola el movimiento. Marcelo Ebrard, quien las comprende muy bien, tiene en su contra los antecedentes de su militancia en las corrientes del centro político. Para propios y extraños, Claudia es considerada la precandidata más identificada con las posiciones político-ideológicas de López Obrador. En una sucesión en la que la palabra continuidad es un lema, tal identidad no es poca cosa.

2. Carrera obradorista. No sólo se trata de un tema ideológico, es también un asunto de pertenencia a una facción política. Toda la carrera pública de la jefa de Gobierno se ha desarrollado bajo la sombra o el liderazgo de López Obrador. Antes de ser invitada por su tutor, sus afanes y trayectorias parecían destinados a desenvolverse en el ámbito de la academia y la investigación científica. Andrés Manuel la hizo titular de una secretaría en el gobierno de la ciudad, delegada de Tlalpan más tarde y jefa de Gobierno. Sheinbaum es una protagonista esencialmente obradorista con mayor nitidez que en el caso de cualquier otra figura destacada dentro del movimiento; es decir, no sólo remite a una pertenencia de izquierda, que también sería el caso de Martí Batres o Pablo Gómez, por mencionar algunos —pero ellos, como también las otras «corcholatas» que aspiran a la presidencia, tuvieron trayectoria propia antes de adherirse al movimiento del tabasqueño—. El más cercano a su situación sería Adán López, pero incluso este todavía siguió siendo priista 12 años después de creado el PRD, como puede observarse en la descripción de su perfil político. En suma, Claudia Sheinbaum, a diferencia de sus rivales, es un cuadro exclusiva y totalmente gestado dentro del obradorismo.

3. Lealtad «de género». Una y otra vez el presidente ha elogiado la laboriosidad y, sobre todo, la lealtad de las mujeres cuando desempeñan tareas públicas. Confía plenamente en un puñado de ellas que, en efecto, no lo han defraudado. Rocío Nahle (Secretaría de Energía), Raquel Buenrostro (SAT, aduanas y Secretaría de Economía); Ariadna Montiel (Secretaría del Bienestar), Rosa Icela Rodríguez (Seguridad Pública) y Leticia Ramírez (Educación), entre otras. Y desde luego, Claudia Sheinbaum. Pese a los muchos matices que las diferencian, el presidente parecería extender a todas ellas algunas virtudes comunes: disciplinadas, trabajadoras, honradas, leales. Imposible concluir categóricamente que exista un sesgo de género que favorecería dejar en la silla presidencial a una mujer en lugar de a un hombre, pero son cualidades atractivas pensando en una extensión del obradorismo como él lo concibe. Siempre se corre el riesgo de que el arribo de un macho alfa a la presidencia, y en términos políticos López Obrador lo es, signifique la imposición de una impronta propia en competencia con el legado dejado por el tabasqueño. Una especie de temor a que otro se adorne con el sombrero ajeno que aportó López Obrador. Un resquemor que probablemente no exista o estaría atenuado en el caso de ser relevado por una mujer con las características que él ha elogiado.

4. El hito histórico de una presidenta. Aunque quizá no sería el principal criterio, para un mandatario con la mirada clavada en la historia como es López Obrador no es poca cosa convertirse en el primer presidente que entregue la estafeta a una mujer. Algo que ni Estados Unidos ha conseguido. Una cereza del pastel para el prestigio y la imagen renovadora de la Cuarta Transformación.

En suma, cuatro criterios reforzantes que explicarían la aparente inclinación de López Obrador por la jefa de Gobierno de cara a la continuidad de su proyecto político, económico y social.

El favorito no siempre es el más conveniente

Y sin embargo… Andrés Manuel López Obrador ha mencionado un par de veces la difícil coyuntura en la que se encontró el presidente Lázaro Cárdenas cuando debió inclinarse por un sucesor: por un lado, su favorito era Francisco Mújica, secretario de Comunicaciones y Obras Públicas, un hombre de convicciones cercanas a las del michoacano e incluso más radicales, y, por el otro, Manuel Ávila Camacho, secretario de Defensa, un militar moderado y poco comprometido ideológicamente, por el que al final optó. No siempre el favorito es el más conveniente, dijo López Obrador, tanto en una reunión de gabinete como unos días más tarde en una mañanera. Y en efecto, en 1938 el general Cárdenas juzgó que el contexto internacional definido por el arranque de la Segunda Guerra Mundial, las presiones que recibiría México y el descontento que habían provocado iniciativas como el reparto agrario o la expropiación petrolera exigían una desaceleración de las reformas sociales. En otras circunstancias habría preferido a Mújica, no en esas.

La mayor parte de los comentaristas interpretó esa referencia histórica del presidente como el anticipo a la posibilidad de verse atrapado en las mismas circunstancias. Poca atención se prestó a una suerte de lamento, aunque expresado de manera ambigua, con la que remató el comentario. López Obrador señaló que con esa decisión el proyecto de Cárdenas había terminado por disiparse.

Con todo, no es un escenario imposible. ¿Qué situación podría conducir al presidente López Obrador a considerar que Claudia Sheinbaum, a pesar de ser su favorita, su Francisco Mújica, no sea el relevo que más conviene? A mi juicio habría dos razones. La primera, que por alguna razón estuviera en riesgo el triunfo de Morena. Y es que aún más importante que entregar la estafeta al candidato «ideal» a juicio del presidente, es asegurarse de no entregarlo a la oposición. Ese escenario sólo existiría si la inclinación por Claudia fuese una opción notoriamente menos competitiva frente al candidato de la alianza del PRI y el PAN. La mera posibilidad de perder el poder conduciría a la selección del candidato más atractivo, cualquiera que fuese. Por el momento ese escenario no existe. Según las encuestas de intención de voto, Claudia y Marcelo aventajan con holgura hipotética confrontaciones con cualquier rival de la oposición. En ese sentido, el presidente tiene amplios márgenes de libertad.

El segundo factor que hipotéticamente podría llevar al presidente a prescindir de su favorita es un tema de gobernabilidad. Para López Obrador la continuidad de su proyecto pasa no sólo por asegurar un sexenio más, sino también por garantizar una presidencia con la fortaleza necesaria para enfrentarse a los poderes fácticos y a los adversarios que se oponen al movimiento de la Cuarta Transformación.

Este es un tema importante. El presidente a ratos parecería obsesionado con la presunta perversidad y poder de sus enemigos. Gracias a sus habilidades políticas y a su enorme capacidad para sostener altos niveles de aprobación popular es que su sexenio ha podido mantenerse a flote, sacar adelante el proyecto y conservar la estabilidad económica y política. Pero derrotas ha habido. Está consciente de que el gobierno de la 4T enfrentará duros retos para sostener el proyecto una vez que él no esté al mando del timón. De ahí la comprensible preocupación de elegir al sucesor no sólo en términos de lealtad sino también de capacidad para navegar en aguas infestadas de tiburones. Las presiones de Estados Unidos, el crimen organizado, los generales, los muchos interesados en diluir sus reformas sociales, los empresarios, medios de comunicación, alto clero, líderes charros, oposición y sus gobernadores, y un largo etcétera.

En ese sentido, López Obrador asumirá que su decisión tendrá que encontrar el mejor balance posible entre dos criterios que podrían no coincidir en la misma persona: optimizar la lealtad a su proyecto de cara a la continuidad y, al mismo tiempo, asegurarse de que el próximo presidente pueda enfrentar el formidable reto político que le espera. De acuerdo con el primer criterio, Claudia Sheinbaum sería la apuesta. El segundo criterio está en el aire, y esa es la carta que juega Marcelo Ebrard.

¿Tendrá repercusión en el ánimo presidencial la posibilidad de que algunos grupos de presión como son los empresarios cercanos al régimen, generales importantes o fondos de inversión extranjeros aboguen por alguno de los precandidatos en aras de la estabilidad?

La intención de voto

Arrancamos el capítulo señalando que el segundo astro alineado es la foto que ahora muestran las gráficas de intención de voto y su probable tendencia.

En diciembre de 2022 Claudia Sheinbaum superó en promedio por casi 10 puntos efectivos a Marcelo Ebrard, su competidor más cercano en el conjunto de las encuestas más conocidas (preferencia efectiva, una vez prorrateados los indecisos). Para el diario *Reforma*, 9 puntos; *El Universal*, 12 (empresa Buendía & Márquez); *El País*, 15 (empresa Enkoll) ; *El Heraldo*, 11 (empresa

Poligrama); Mitofsky, 11; *SDP Noticias*, 5. La ventaja era significativa, pero sobre todo la tendencia. Al momento de publicar su encuesta decembrina, varios de esos medios compararon el resultado con el levantamiento anterior y señalaron que la puntera había aumentado su ventaja.

En febrero las cosas no habían cambiado o incluso habían mejorado. Para el diario *El País* la distancia había pasado de 15 a 18 puntos sobre Marcelo. De las Heras Demotecnia señalaba 16 puntos de diferencia.

De continuar esta inercia tendría que descartarse una sorpresa en las encuestas definitivas de diciembre próximo.

Únicamente hay dos razones por las cuales esta tendencia podría cambiar en lo que resta del año. Una, atribuible a ella: un imponderable político, una tragedia o un escándalo mayúsculo que condujesen a un desplome radical de su popularidad.

Viri Ríos publicó a principios de año en *El País* un interesante argumento a considerar. Ríos argumenta que la popularidad de las mujeres en la política es mucho más frágil que la de los hombres.

La sociedad mexicana tiene un fuerte sesgo inconsciente en contra de las mujeres poderosas y, por tanto, es muy susceptible [...]. La mujer comete un error sencillo, una nimiedad como no vestirse acorde a un evento o un desacierto como dar una declaración inadecuada. En ese momento comienza [...] la «mujerización», una forma de apedreamiento público moderno. El desliz de la mujer da rienda suelta al machismo y a la misoginia que yacían expectantes ante su error. La tormenta se desata con una ira desenfrenada, y con ello surgen reacciones desmedidas y desproporcionadas al error que cometió la mujer. Su caída en popularidad es estrepitosa.[1]

---

[1] Viri Ríos, «Hacer política, ser mujer. Lo que ellos no entienden», *El País*, 27 de enero de 2023. Consultado en https://elpais.com/mexico/2023-01-27/hacer-politica-ser-mujer-lo-que-ellos-no-entienden.html.

A partir de este argumento, Viri Ríos plantea la probabilidad de que Sheinbaum sufra en mayor medida que sus rivales varones el desgaste de la contienda y llegue al momento de la definición con negativos y descréditos insoportables. En ese sentido, concluye, López Obrador habría cometido un error al haber anticipado la precampaña, exponiéndola a una larga confrontación en la que los dados están cargados en contra de su candidata.

La idea de que Sheinbaum pueda sufrir en mayor medida que sus rivales el impacto de un escándalo es posible. Pero hasta ahora no ha sucedido. Por el contrario, muestra un efecto «teflón» envidiable. Los sondeos posteriores al accidente de la Línea 3 del Metro en enero de este año revelan un impacto mínimo o nulo en la imagen de la candidata, pese a la intensa crítica en los medios. Considerando que faltan apenas unos meses para el levantamiento definitivo, la posibilidad de que un desplome atribuible a su propia imagen cambie la inercia se antoja cada vez menos probable, aunque desde luego «el nunca» no existe en materia de imponderables.

En ese sentido, si habría de existir un punto de inflexión tendría que encontrarse, más bien, en lo que los otros hagan o dejen de hacer.

El factor Marcelo

¿Cabe la posibilidad de que la estrategia que sigan los otros dos contendientes, Marcelo Ebrard y Adán Augusto López, sea capaz de revertir la actual tendencia? ¿Pueden hacer algo distinto a lo que actualmente están realizando?

Por lo que toca a Adán Augusto López parecería que su papel consiste esencialmente en ofrecerse como un plan B para las corrientes obradoristas, en el hipotético caso de que la candidatura de Claudia Sheinbaum no prospere. Más allá de eso, no hay mucho margen de operación, me parece. Cuando intentó una modificación en la estrategia en octubre de 2022, y asumió una actitud beligerante hacia los adversarios del régimen y otros actores políticos, la reacción resultó contraria a sus intereses. Su evolución en las encuestas de intención de voto muestra una mejoría, pero guarda aún bastante distancia con respecto a la puntera.

Marcelo Ebrard podría tener mayor posibilidad de hacer alguna diferencia en los meses que restan. Por un lado, está en proceso de construir una organización territorial para promover el voto a su favor. Demasiado pronto para saber la efectividad real de este trabajo de campo o incluso si alcanzará a construir tal estructura en los ambiciosos términos que ha sido propuesto: 10 000 promotores por cada uno de los 300 distritos, es decir, tres millones de personas.

Por otro lado, en el despacho de Ebrard se asume que los debates públicos entre los precandidatos podrían acortar la diferencia, quizá significativamente. Confían en la experiencia del canciller en diversos campos y su solvencia para exponer sus argumentos frente a la de sus dos rivales.

Y aún cabe la posibilidad de una táctica que, si bien sorpresiva, podría mejorar sus números. La renuncia anticipada a la cancillería para dedicarse de tiempo completo al trabajo de campo a lo largo de todo el territorio. Como se ha dicho, Ebrard ha propuesto a Morena llegar a un acuerdo para que todos los aspirantes se dediquen de tiempo completo a la campaña habiéndose separado de sus respectivas tareas y responsabilidades. No parece ser algo a lo que abonen sus dos principales contendientes, al menos no antes del primer levantamiento en septiembre. Y después de eso sólo quedarían dos meses para el levantamiento definitivo.

Sin embargo, nada impide que, ante la negativa, él tome una decisión unilateral. En tal caso tendría que convenir con el presidente una fecha razonable, para que no pareciera un acto de disidencia. Una estrategia que tiene riesgos, desde luego, pero el candidato podría asumir que quien va atrás en la contienda está obligado a recurrir a opciones temerarias. Si López Obrador ha dicho que se habrá de reconocer el resultado de las encuestas, y hasta ahora los aspirantes sólo han podido trabajar el voto de manera precaria y fragmentada, cabe la posibilidad de que un trabajo de tiempo completo y en toda la línea sacuda algunas inercias. ¿Qué harán Claudia y Adán si Ebrard se dedica a organizar mítines, acudir a diarios y micrófonos de toda ciudad relevante, realizar reuniones largas y personales con cuadros y élites regionales? ¿Cuántos meses necesitaría para conseguir un impacto significativo? Imposible saberlo, pero la sola posibilidad comenzaría a sacudir las certezas ahora instaladas.

Composición de la boleta o el efecto Noroña

Finalmente, una variable abierta en toda esta ecuación política será la composición de la boleta final en el segundo y definitivo levantamiento, en el que participarán sólo los cuatro finalistas. Podríamos dar por sentado que Claudia Sheinbaum, Marcelo Ebrard y Adán López estarán en este selecto grupo. También podemos asumir que el d'Artagnan que acompañe a los tres mosqueteros tendrá apenas un papel testimonial, dada la ventaja que estos han tomado. Y, sin embargo, el efecto podría no ser menor. Ricardo Monreal, Noroña, incluso el propio Adán podrían provocar el impacto que en ocasiones produce el PT, Movimiento Ciudadano o el Partido Verde, cuando se convierten en bisagra al quitar votos a uno de los contendientes en elecciones particularmente reñidas.

Los votos que se dediquen a Adán López ¿a quién habrían favorecido de no haber estado él entre las opciones?, ¿a Claudia o a Marcelo? ¿Un ciudadano a favor de Monreal es uno menos en la cuenta de Ebrard? ¿Los pocos o los muchos que obtenga Fernández Noroña serían en detrimento de Claudia?

Comencemos con el caso de Adán López. A principios de febrero afirmó que en octubre decidirá si mantiene su precandidatura. Me parece que justamente este tipo de consideraciones son las que están en juego. En realidad, la inclusión de Adán en la lista de corcholatas tenía inicialmente un carácter táctico: ampliar la baraja para disminuir el desgaste por la excesiva polarización y golpeteo entre Marcelo y Claudia. Sin embargo, las tareas que realiza el secretario de Gobernación, su cercanía con López Obrador y los usos y costumbres de la clase política que hace de todo ocupante de la oficina de Bucareli un precandidato automático, han generado cierto impulso.

¿A quién le quita votos Adán López? Hasta ahora ha subido en las encuestas con cargo a los indecisos, es decir, su incremento todavía no se ha traducido en un descenso de los otros dos. Pero podría suceder en alguna medida. Algunos pensarían que Adán es una alternativa a Ebrard, por tratarse de otro candidato masculino; aquellos que no elegirían a una mujer tendrían otra opción además de Marcelo.

Quizá, pero tengo la impresión, y lo estamos viendo con los gobernadores que parecerían apoyarlo, de que en realidad divide el voto de los más cercanos al obradorismo. En plata pura, la mayor parte de los votos a favor de Adán los pierde Claudia.

En tal sentido caben dos escenarios con Adán López. En este momento las encuestas lo colocan todavía a 10 o 15 puntos de sus rivales, pero es cierto que también es el que más ha crecido en los últimos meses. Si de aquí a octubre no logra empatar o quedarse a muy poca distancia de los punteros, lo más probable es que retire su candidatura, para no hacerle la «malhora» a quien se considera la favorita del presidente. Pero si en las primarias de septiembre Adán López logra alcanzarlos y existe una posibilidad real de ganar en noviembre, será muy difícil bajarlo de la disputa. Por lo pronto mantendrá su campaña por todo lo alto para darse al menos una oportunidad.

El caso de Ricardo Monreal es el opuesto. Un voto a su favor para la candidatura de Morena muy probablemente es un voto perdido para Marcelo Ebrard. De ahí el interés de algunos en la dirección del partido de mantenerlo en la contienda y facilitarle su participación. Monreal sabe que no va a ganar en una encuesta la candidatura a la presidencia; pero también sabe que quedarse en la contienda es su mejor argumento para aspirar a la jefatura de Gobierno en la Ciudad de México, su verdadera aspiración. ¿Por qué? Porque si Ebrard empata o supera a Claudia Sheinbaum en las primarias de septiembre, los obradoristas puros que desconfían del canciller necesitarán que Monreal se quede en la boleta para la encuesta de noviembre y le reste votos a Marcelo.

La apuesta de Monreal sería, entonces, levantar de aquí a septiembre la intención de voto que le favorece, alcanzar un porcentaje que pudiera hacer alguna diferencia y negociar con ello. Se quedará para competir (a Marcelo) si logra la promesa de un futuro político aceptable; de lo contrario amenazará con retirarse.

Dudo mucho que Morena esté dispuesto a entregarle el gobierno de la Ciudad de México a Monreal. Entre otras cosas, por el profundo desamor que existe entre él y Claudia Sheinbaum, por más que en público hayan firmado la pipa de la paz (21 de febrero de este año). Habrá que recordar la pesadilla que representó para el presidente Vicente Fox la presencia del Peje en el gobierno de la capital. A Sheinbaum le haría muy poca gracia verse en la misma situación. Pero Monreal no dejará de presionar para conseguirlo y su esperanza es que la necesidad de votos que tenga Morena le ofrezca una poderosa carta de negociación.

Mario Delgado, presidente de Morena, afirmó a principios de año que Gerardo Fernández Noroña era bienvenido a participar en la encuesta presidencial. Una invitación sin consecuencias para las primarias, a la cual se inscribirán muchos tiradores sin mayor aspiración que ser vistos y oídos durante sus 15 minutos de reflectores. Si Monreal se apunta no tengo dudas de que los cuatro finalistas serán los hasta ahora mencionados (Claudia, Marcelo, Adán y Ricardo). Pero si no fuera así, muy probablemente el cuarto pasajero sería Fernández Noroña. En tal caso, cabe la posibilidad del escenario más temible para Claudia: que ella, Adán y Fernández Noroña se disputen y dividan el voto del obradorismo y Marcelo sume entre el resto de los votantes. Habría que recordar que las encuestas serán a población abierta, no estarán restringidas a sólo simpatizantes del partido en el poder.

Cabe la posibilidad, desde luego, de que en septiembre Sheinbaum obtenga una ventaja clara sobre todos, haga válidos todos los pronósticos que la señalan como favorita y con su ventaja ahogue todas las especulaciones vertidas en estas últimas páginas.

¿Continuidad con cambio o cambio con continuidad?

En resumen, la contienda por la sucesión, y en última instancia la identidad del próximo presidente de México, parecería reducirse a una de estas dos opciones: Claudia Sheinbaum y Marcelo Ebrard.

Sólo podemos especular por cuál de ellos se inclinarán la intención de voto de las encuestas o el ánimo presidencial, que tanto influye en ellas. López Obrador ha dicho que quien lo suceda hará una loable gestión de «continuidad con cambio»; ese es el mantra oficial para describir el próximo sexenio. El problema es el énfasis que quiera dar a cada palabra de esta mancuerna. Se asume que Claudia Sheinbaum, crecida esencialmente en el obradorismo, garantiza la continuidad, mientras que Ebrard, un político aliado de AMLO y con trayectoria propia, favorece el cambio. Sin embargo, las fortalezas de cada uno se convierten también en sus debilidades.

Con cualquiera de ellos Morena gana un sexenio más, pero quizá gana de distinta forma. Si Sheinbaum es la candidata de la continuidad con cambio, Marcelo lo es del cambio con continuidad. Cuestión de matices donde el matiz lo dice todo. Y no se trata de un juego de palabras porque el correlato político no es menor.

El argumento de Marcelo Ebrard es que, al ser el candidato del cambio con continuidad, será capaz de atraer el voto de sectores medios, incluso de electores del centro ideológico, que se han ido distanciando del obradorismo por una razón u otra, pero que tampoco les interesa regresar al poder al PRI o al PAN. Y para nadie es un secreto que algunos empresarios cercanos al presidente abogan por esta opción.

En caso de ser candidato de Morena, supone Marcelo, tendrá cien por ciento de los votos de los simpatizantes del movimiento, porque nadie de la oposición lo rebasaría por la izquierda ideológica ni los radicales votarían en su contra en favor del PRI o el PAN, y además podría atraer a muchos electores adicionales de los sectores medios. Según esta tesis, eso daría al presidente entrante una composición más favorable en el Congreso y con mayores consensos entre los grupos sociales para impulsar el proyecto de cambio del obradorismo.

El contraargumento de los seguidores de Sheinbaum no es menos contundente: si la victoria no está en peligro, ¿para qué arriesgar la esencia del obradorismo con alguien que la pondría en riesgo?, una frase que, asumo, constituye música en los oídos del presidente.

Por lo pronto, el retrato de la intención de voto al momento de cerrar esta edición es el siguiente. La pregunta es cómo quedará la película.

INTENCIÓN DE VOTO.
PREFERENCIA EFECTIVA, UNA VEZ PRORRATEADOS LOS INDECISOS
Y LOS QUE NO SABEN (PORCENTAJES)

Encuestas más recientes	Claudia Shein-baum	Marcelo Ebrard	Diferencia Sheinbaum-Ebrard	Adán López	Ricardo Monreal	Fernán-dez Noroña	Total	Fecha de levanta-miento
Reforma	48	39	9	7	6		100	28 noviembre al 4 diciciembre de 2022
Covarrubias y Asociados	52	38	14	10			100	12 al 18 de enero de 2023
De las Heras Demotecnia	49	33	16	10	8		100	27 al 30 de enero de 2023
El País, empresa Onkoll	45	28	17	5	11	11	100	4 al 7 de febrero de 2023
El Heraldo, Poligrama	37	29	8	22	12		100	9 de febrero de 2023
Mendoza y Asociados	40	29	11	8	10	13	100	17 al 19 de febrero de 2023
El Universal, Buendía y Márquez	39	27	12	12	12	10	100	16 al 21 de febrero de 2023
El Financiero	38	30	8	20	12		100	24 al 25 de febrero de 2023
El Economista, Mitofsky	39	29	10	19	7	6	100	24 al 27 de febrero de 2023
Ciro Gómez, México Elige	41	31	10	20	8		100	9 al 11 de marzo de 2023

8. ¿HAY PLAN B PARA MARCELO EBRARD?

El hecho de que en la práctica la carrera presidencial se reduzca a dos opciones abre la inevitable interrogante de qué podría pasar con el precandidato derrotado, una vez que Morena elija a su abanderado.

En el hipotético caso de que la decisión no favorezca a Claudia Sheinbaum, tendríamos que asumir que se trataría de una determinación del presidente mismo o de reglas del juego acordadas desde Palacio y, en ese sentido, difícilmente cabría la posibilidad de una rebelión de su parte. Además de la lealtad, que se da por descontada, fuera de Morena los partidos de oposición serían ajenos a Sheinbaum.

Pero no es el caso de Ebrard, al margen incluso de lo que haga o deje de hacer. Es tan flaca la caballada del PRI y del PAN, y en general de la alianza Va por México, que en el caso de que el canciller quede «suelto» habrá más de un interesado en la posibilidad de ficharlo.

Habría que reconocer que Marcelo Ebrard ha sostenido, una y otra vez, que él forma parte del proyecto político y social que encabeza el obradorismo desde hace 23 años. En sus propias palabras, eso significa dos cosas: primero, que milita en esta corriente porque comparte sus banderas, su enfoque ideológico y el proyecto de cambio político, económico y social que ha emprendido el gobierno de la 4T. Y, segundo, que desde hace varios lustros López Obrador y él acordaron que la única manera de hacer avanzar este proyecto era a través de la unión, entendiendo que divididos resultaba inviable. Un acuerdo que, insiste, de alguna manera se prefiguró en el 2000 y se explicitó en 2006 y 2012.

En suma, en principio (o por principios), si el resultado le es adverso Ebrard no piensa desafiar el proceso de definición de la candidatura que ha propuesto Morena. Sólo pide y espera que pueda competir en un piso parejo. Lo cual, inexorablemente, lleva a considerar la pregunta clave: ¿qué hará si al final, o durante el proceso, concluye que no hay o no hubo condiciones de mínima equidad para disputar la candidatura en buena lid?

Imposible que el propio precandidato pueda responder a esta pregunta, pero un libro dedicado a analizar los escenarios de la sucesión está obligado a abordarla. ¿Cabe la posibilidad, por improbable que parezca, de que en la boleta del 2 de junio, sobre la cual escogerán mandatario los mexicanos, aparezcan los dos nombres?

Que el piso sea disparejo es una posibilidad real, desde luego. En lo personal, me parece poco probable que surja de un desaseo grueso por parte de López Obrador mismo, al grado de provocar una escisión. Tengo la impresión de que, en efecto, el presidente tiene preferencias, pero también que asume que más allá de eso, dejará que el proceso camine con la inercia que ya existe.

Por desgracia no puede decirse lo mismo de muchos cuadros obradoristas. Lo hemos visto en los procesos legislativos, en los que diputados y senadores, y en ocasiones líderes de fracciones, resultan más papistas que el papa. En su afán de mostrar su fervor terminan cometiendo excesos, abyecciones incluso. Y por otra parte, la tradición fratricida de las tribus de la izquierda es legendaria; la fiereza con la que suelen combatirse unas a otras no es un secreto para nadie. No es casual la lista de impugnaciones que han dejado los procesos internos de Morena en los últimos años.

Así pues, en efecto, irregularidades seguramente habrá. Uno o más gobernadores a quienes se les pase la mano en el entusiasmo o en su deseo de hacer méritos frente a la presunta futura presidenta; operadores de Morena que crean hacerle un favor a López Obrador; alguna sombra de duda en la manera en que el partido procese o interprete los datos de las encuestas, etcétera.

Se entiende que se requerirían muchas de estas anomalías para llegar a la conclusión de que el conjunto de ellas podría haber afectado el resultado. Tal conclusión podría llevar al equipo de Marcelo Ebrard a entender que no existió el juego parejo y eso, en teoría, dejaría en libertad al candidato para intentar competir por otra vía. Pero incluso eso no asegura que vaya a suceder. En 2011 tras la encuesta interna entre él y López Obrador, que ganó este último para quedarse con la candidatura presidencial, algunos de los colaboradores del entonces jefe de Gobierno aconsejaron impugnar los resultados. Él se negó, pese a su incomodidad con el proceso.

Supongo que una decisión de ese tipo pasa no sólo por el tema de las irregularidades, sino también por la diferencia en el resultado. Un triunfo holgado por parte de Sheinbaum, por ejemplo, inhibiría cualquier impugnación porque sería difícil creer que la victoria obedeció a las presuntas irregularidades. Por el contrario, una pestaña de diferencia terminaría magnificándolas.

Por otro lado, una victoria contundente por parte de Sheinbaum, con irregularidades o sin ellas, ofrece pocos incentivos para volver a enfrentarla siete meses más tarde, incluso si existiera otra vía. Recordemos que la encuesta se realizará a población abierta, y al tratarse de una muestra representativa sería, en teoría, un retrato de las preferencias de los mexicanos en ese momento, al menos en lo que respecta a ellos dos. Se necesitaría mucho optimismo, de él y de los partidos interesados, para creer que en tan poco tiempo pueda revertirse una distancia mayúscula, si tal ha sido el caso. Lo cual nos lleva al tema de los otros partidos.

Ebrard y los partidos de oposición

Si Ebrard lo desea puede ser el candidato de algún partido, sin duda, la pregunta es si eso le permitiría aspirar a un triunfo. El tema de fondo es el PAN. Se asume que el hoy canciller tiene buena relación con el Partido Verde Ecologista de México (PVEM) y con Movimiento Ciudadano; ya ha sido diputado por el primero y más tarde fue postulado por el segundo. Incluso asumiendo que quisiera explorar esta opción, y lograse la representación del PRI, del PVEM y de Movimiento Ciudadano, francamente se ve difícil que el blanquiazul se sume a la causa de un actor político que siempre ha estado en la acera de enfrente. Y sin el PAN no le alcanzaría para estar contra el candidato oficial. Podría argumentarse que, dada la escasa posibilidad que tendría el PAN para competir solo, en un argumento *in extremis* podría ceder en aras de impedir el triunfo del candidato de AMLO. No es imposible, pero nada seguro.

Ruptura o solución «Eruviel»

También existe la solución «Eruviel», que habría que mencionar al menos para descartarla. Al dejar la gubernatura del Estado de México, para buscar la presidencia del país, Enrique Peña Nieto intentó imponer como candidato del PRI a Alfredo del Mazo, actual gobernador. Eruviel Ávila, el entonces carismático alcalde de Ecatepec del mismo partido, amenazó con encabezar una alianza de la oposición y competir contra el pupilo de Peña Nieto. Este último, que no se podía permitir una derrota local y emprender el camino a Los Pinos quedando expuestas sus espaldas, optó por entregar a Eruviel la candidatura.

¿Existe esa posibilidad en este caso? No. Primero porque no está en la naturaleza de la relación entre López Obrador y Ebrard. Han formado parte del mismo equipo desde hace dos décadas, a diferencia de Peña Nieto y de Eruviel, que pertenecían a corrientes opuestas. Segundo, porque no hay nada en el comportamiento de Ebrard que haga pensar en una confrontación abierta antes de la definición de la candidatura de Morena, menos en un chantaje político de esta naturaleza. Y tercero, porque López Obrador no es alguien que suela ceder ante una presión política.

Así que no. Si el presidente llega a ver con buenos ojos un triunfo del canciller sería exclusivamente porque ha considerado razones de estabilidad y crecimiento atribuibles a las cualidades de Ebrard.

Y, por otro lado, la única posibilidad de que Marcelo sopese competir por una vía ajena a Morena sería resultado de alguna infamia mayúscula que, en efecto, lo hiciera sentir que son otros los que han roto el compromiso que lo ha unido a López Obrador.

9. ¿CÓMO SERÍA LA PRESIDENCIA DE CLAUDIA SHEINBAUM? ¿CÓMO LA DE MARCELO EBRARD?

No siempre la trayectoria de un funcionario público, un actor político o un ministro de Estado constituye una pauta fiel de lo que pueda esperarse de ellos una vez convertidos en soberanos. ¿Qué podríamos esperar de las presidencias de Claudia Sheinbaum o Marcelo Ebrard? ¿Cuál sería su «estilo personal» de gobernar? ¿Su mandato constituirá una prolongación de lo que se desprende de su desempeño como jefes de Gobierno de la Ciudad de México? ¿Serán mejores de lo que parecen o una decepción mayúscula?

La historia ofrece ejemplos en uno y otro sentido, algunos inesperados. Nadie podía adivinar que la tímida y poco carismática Angela Merkel, que llegó al poder en Alemania de rebote y de manera aparentemente provisional, gobernaría con pulso firme durante 16 años. El mundo esperaba mucho de Barak Obama, quien, sin ser un mal presidente, estuvo muy por debajo de las enormes expectativas generadas por su arribo a la Casa Blanca. Es famosa la frase de Gustavo Díaz Ordaz, profundamente arrepentido de haber entregado la silla presidencial «a un pendejo». ¿Y qué habría dado Carlos Salinas a cambio de descifrar en el horóscopo de un tímido y sumiso Ernesto Zedillo el temperamento que lo llevaría a meter en prisión a su hermano Raúl?

La experiencia de Sheinbaum como secretaria de Medio Ambiente en el entonces Distrito Federal (DF), delegada en

Tlalpan y jefa de Gobierno de la Ciudad de México es una ventana que permite asomarse apenas a medias a una habitación. Se ve y no se ve. Y a pesar de una trayectoria aún más larga, no es distinto el caso de Marcelo Ebrard, también secretario en el gobierno del DF y después jefe de Gobierno, además de canciller.

La visión es incompleta por muchas razones. Primero, porque el verdadero talante de un político o un funcionario público no se muestra, de manera cabal, sino en el momento en que se convierte en soberano y no está subordinado a la línea política o administrativa definida por otro. El poder mismo transforma a las personas.

Ni siquiera el hecho de que ambos, Sheinbaum y Ebrard, hayan asumido la misma responsabilidad como jefes de Gobierno de la capital ofrece un sólido elemento para desprender diferencias de lo que podría ser su presidencia. La de Sheinbaum fue una gestión infinitamente más constreñida que la de Ebrard. No sólo porque el periodo de austeridad y la crisis de la pandemia acotaron de forma sensible su campo de posibilidades; también porque durante la gestión de ella el jefe político del movimiento era el presidente de México y como tal ejerció una influencia evidente. Ebrard, en cambio, para bien o para mal, gobernó en un periodo en el que López Obrador recorría pueblos y praderas, y Enrique Peña Nieto gobernaba entre la frivolidad y la laxitud.

¿En qué se parecen Claudia y Marcelo?

Sin embargo, en ambas administraciones hay elementos comunes que derivan de su mutua pertenencia a un movimiento, y a sus banderas, desde hace 23 años. Durante su gestión como jefes de Gobierno de la capital, en materia de políticas públicas los dos mantuvieron el proyecto social, vinculado a la izquierda, que ha caracterizado a los gobiernos del PRD y de Morena desde 1997. De hecho, fueron los dos jefes de Gobierno de todo este periodo, de casi 30 años, que más impulsaron una agenda moderna en materia de derechos humanos, preocupaciones ambientales y temas de género.

En ese sentido, me parece que ambos aseguran una versión de la 4T mucho más actualizada a los tiempos que corren, comparada con la del tabasqueño. Entre López Obrador y sus dos corcholatas median alrededor de 10 años, pero en términos generacionales, por origen y trayectoria, pertenecen a otro universo. A diferencia de su actual jefe político, privilegian una aproximación a los temas en términos menos intuitivos e ideológicos y más técnicos, han vivido y tomado cursos en el extranjero, manejan con fluidez otros idiomas, son producto de una clase media urbana moderna. En estricto sentido, en contraste con López Obrador, que nació y creció políticamente como un opositor, la mayor parte de la vida profesional de ellos dos ha transcurrido en la administración pública.

Ahora bien, antes de abordar las peculiaridades de lo que podría ser su presidencia, habría que dar cuenta de los acotamientos a los que estarán sujetos. Ninguno de los dos puede escapar a la obra pública comprometida: terminar el Tren Maya y el tren Toluca-México, desarrollar el proyecto transístmico, brindar internet para todos, consolidar la red de Bancos de Bienestar y lograr la autosuficiencia en refinación, entre otras. Por otra parte, los márgenes de libertad para imaginar infraestructuras y políticas públicas nuevas estarán sujetos a las prioridades que representa la derrama social comprometida en los programas obradoristas, las pensiones y la deuda externa. Buena parte del presupuesto y la inversión pública está comprometida.

Sin embargo, también es cierto que mucha de esta obra está cerca de ser terminada y provocará impactos y detonantes que la actual administración no alcanzó a cosechar. Habría que dar por sentado que la 4T en versión 2.0 tendrá cambios significativos con respecto a su primera edición, independientemente de cuál de las dos «corcholatas» la presida. Ambos encontrarán un país dividido, agotado por la confrontación, urgido de expandir la economía y el empleo, pero también enormes expectativas de continuar el cambio que las mayorías pidieron en 2018 y habrían confirmado en 2024. Los dos responderán de manera distinta, cada uno con sus fortalezas y debilidades.

Las diferencias

Un gobierno con dimensión social, como el que encabezarán Sheinbaum o Ebrard, enfrenta un doble reto para mejorar la situación de las mayorías empobrecidas: crecer más y distribuir mejor. Pero hay más de una manera para responder a este desafío.

Para crecer ambos tendrán que apostar al potencial que representa el llamado *nearshoring*, es decir la enorme oportunidad que aporta la relocalización de la industria y el comercio mundial que hacen de México un territorio privilegiado. No habrá prosperidad efectiva real si no encontramos la manera de hacer crecer consistentemente a la economía por encima de 4 o 5% durante varios años. Y la manera más rápida de conseguirlo consiste en aprovechar al máximo tal oportunidad. Por su experiencia, parecería que Ebrard es un cuadro «natural» para esta tarea.

Claudia es consciente de esta necesidad, pero es cierto que sus antecedentes no remiten a estos ámbitos. En ese sentido, si ella queda en la presidencia, será fundamental que se rodee de los equipos necesarios, los sepa escuchar y aprenda rápido.

Por otro lado, si bien es cierto que, al menos en el papel, Marcelo sale mejor librado para enfrentar el duro desafío que obligaría a crecer rápidamente, los seguidores de Claudia podrían asumir que ella estaría en condiciones de mantener vigente el otro reto: redistribuir mejor.

Por desgracia, las inercias de este país están hechas para que el aprovechamiento de la riqueza sea desigual social y regionalmente. López Obrador ha intentado romper tales inercias, y para hacerlo ha recurrido a la confrontación y a la polarización que fragmenta a la comunidad, pero favorece el apoyo popular. Mantener activo este apoyo y operar frente a las resistencias lo ha llevado a una beligerancia verbal y a una concentración de las decisiones que han generado inconformidades. Invertir en el sureste abandonado ha sido un esfuerzo realizado a tirones y jalones; mantener la derrama social o incrementar el salario mínimo no ha sido fácil.

¿Cómo harán ambos para responder a esta encrucijada? Ninguno de los dos tiene el carisma o el vínculo personal con las masas para permitirse mantener este pulso en contra de los intereses creados (medios, empresarios, élites), y hacerlo sin que la confrontación genere inestabilidad política y económica, como lo ha conseguido López Obrador. Redistribuir y romper inercias desiguales requiere que los de arriba renuncien a modos de apropiación a los que están acostumbrados. Y eso sólo puede conseguirse por la presión o el convencimiento, o una hábil mezcla de ambas.

Sin la capacidad para esas mañaneras de casi tres horas diarias, sin el fervor apasionado de tantos hombres y mujeres de a pie, sin el dominio absoluto que ejerce el líder sobre tantas tribus y corrientes políticas, los riesgos son altos. Ambos tendrán dificultades para conectar a las masas de la manera en que lo hizo López Obrador; un detalle que no es menor porque la argamasa que posibilita un gobierno popular, o populista, reside en la identidad del líder con las mayorías y eso, a su vez, es producto en gran medida de la relación «personal» construida a través del mensaje. Ninguno de los dos es particularmente carismático de cara a la tribuna. Ebrard proyecta una imagen sólida y congruente; alguien que sabe de lo que está hablando. Pero aborda las preguntas como inquinas a neutralizar y la solvencia desafiante con la que en ocasiones se expresa puede ser tomada por soberbia. Sheinbaum es también una expositora convincente, articulada y conocedora de los temas que aborda, pero tampoco resulta cálida de cara a los auditorios. En situaciones tensas proyecta rigidez y envaramiento, aunque poco a poco ha comenzado a relajarse y a utilizar una sonrisa que le favorece, a diferencia de Ebrard, cuyo sentido del humor irónico puede ser malinterpretado.

En suma, los dos tendrán dificultades para mantener viva la relación irrepetible que el tabasqueño construyó con una enorme base social. Por no hablar del campo minado que supone el tercio o la mitad que no habría votado por ellos. Un mal manejo puede derivar en inestabilidad o simplemente en incapacidad política para sacar adelante el proyecto. En cierta forma, y guardando muchas diferencias, lo estamos viendo en Colombia y en Chile.

Si bien es cierto que López Obrador suele elogiar la capacidad de sus posibles sucesores, también es cierto que una y otra vez ha hecho alusión a una especie de corte de caja que busca conjurar nubarrones en el horizonte. Como si estuviera vacunándose de la posibilidad de que sus sucesores sean incapaces de profundizar la transformación. Una y otra vez afirma que lo principal ya quedó inscrito en la Constitución, que entrega al ejército aquello que podría ser reversible, y advierte del riesgo que supone que el siguiente mandatario nombre a un Genaro García Luna en Seguridad Pública. Como si no confiase del todo en su sucesor. Sin ánimo de sobreinterpretar estas frecuentes menciones, que podrían no ser otra cosa que un balance histórico de su propio sexenio, puede percibirse una sensación de incertidumbre sobre el futuro de su proyecto una vez que él no esté en el timón. Y cómo no experimentarlo, si él puso en marcha un proyecto de cambio con una fórmula en la que su rol personal era absolutamente estratégico.

¿Cómo lo resolverá Claudia Sheinbaum? ¿Cómo lo hará Marcelo Ebrard?

Los retos de Claudia

Si Claudia Sheinbaum representa la garantía de la «continuidad con cambio», enfrenta un problema mayúsculo: cómo sostener una fórmula política de confrontación controlada sin el elemento clave para mantener a flote tal impulso. Es decir, sin las peculiaridades de un fenómeno político irrepetible, para bien o para mal, como es López Obrador. Forzar el cauce natural de las lógicas del mercado para llevar inversiones al sureste; redistribuir la carga fiscal en detrimento de los de arriba, eliminar subsidios a clases alta y media alta, promover recursos para actividades poco rentables pero imprescindibles para los sectores populares; impedir los abusos enquistados en tantas áreas de la vida social. Tareas incompletas en el sexenio de López Obrador y algunas ni siquiera iniciadas por tratarse apenas de la construcción de los cimientos, pero indispensables si en verdad va a existir una continuidad del proyecto de la 4T.

De ahí la incertidumbre que puede proyectar la imagen de Claudia Sheinbaum: al presentarse como la versión más fiel a López Obrador en cuanto a su obstinación, vehemencia o actitud desafiante frente a los adversarios de la 4T, pero sin los activos personales del tabasqueño, ya mencionados, se genera una duda razonable.

Una duda que en parte es legítima y en parte es artificial. Tras la elaboración de su perfil y entrevistarla a ella misma y a quienes la rodean, tengo la impresión de que se han sobredimensionado algunos rasgos de carácter, lo cual proyecta una imagen distorsionada de su verdadera naturaleza. Parcialmente obedece a un diseño deliberado por razones de la campaña misma: frente al obradorismo nada ha sido más efectivo que asegurarse de encarnar la versión más cercana a la personalidad del líder. En ese sentido, es evidente la estrategia de Claudia que consiste en reproducir y secundar los embates de López Obrador en la arena pública, denostar a los enemigos del presidente, responder a quienes la critican. Podemos estar de acuerdo o no con tal estrategia, pero de entrada habría que reconocer que para efectos de la intención de voto ha sido efectiva. Pero no son lo mismo las necesidades de una presidencia, que las necesidades de una precampaña.

Por otra parte, tal percepción también se debe a que la fortaleza de ella tiene que ver más con la administración pública que estrictamente con la política. Es alguien que se siente mejor en una sesión de trabajo que en una arenga desde el micrófono. Poco a poco ha ido encontrado una línea propia en su manera de comunicar, pero el histrionismo que requiere un político profesional, la capacidad de proyectar lo que necesita escuchar su audiencia, no forma parte de su repertorio; no al menos de manera natural, aunque está desarrollándolo.

Contra lo que se cree, invariablemente, sus interlocutores en corto expresan su aprecio por la calidez y la genuina capacidad de escuchar que caracteriza a Sheinbaum. En ese sentido, las acusaciones de sectarismo no se sostienen con la realidad. Creció en un hogar tolerante de ascendencia judía y costumbres liberales, de abuelos europeos, forma parte de las clases medias ilustradas de la ciudad, vivió cuatro años en el norte de California, tiene dos tatuajes en la piel y nunca perteneció a las tribus doctrinarias, ni tuvo una militancia partidista significativa. Durante años fue una investigadora de la UNAM acostumbrada a participar en paneles internacionales y grupos multidisciplinarios en los que la ciencia, pero también la gestión y la negociación de objetivos contrapuestos fueron el pan de cada día. Del otro lado, su disciplina de trabajo suele ser implacable; hay testimonios de que en las reuniones es muy ejecutiva, centrada en los propósitos, pero eso incluye reacciones que pueden ser severas, duras, frente a yerros o inexactitudes. En ocasiones «es de mecha corta», afirma una colaboradora. En suma, esencialmente es una científica, con ideas progresistas en materia social y política, atraída por las invitaciones de un líder político y el reto que significó la administración pública. Cree en la necesidad de un proyecto de cambio y apostó por la capacidad de López Obrador para impulsarlo.

En un escenario negativo, su presidencia podría empantanarse si carece de mano izquierda (derecha, en realidad) para negociar los muchos roces y diferencias de opinión que la profundización o la mera continuación del proyecto obradorista, versión dos, desencadenará. Riesgos de empecinamiento que lleve a rechazar otras vías y en cambio impulsar una iniciativa polémica; peligro de que las corrientes radicales que la apoyan la rebasen por la izquierda o le abran frentes que desde el aspecto político no pueda procesar.

Y aunque sea políticamente incorrecto mencionarlo, no podemos ignorar los riesgos de una presidenta en un país en que los actores de poder operan en términos misóginos. No quisiera ser malinterpretado; sin duda México está preparado para una mandataria, y lo demuestra el hecho de que una decena de entidades están presididas por mujeres, sin menoscabo de la gobernabilidad local. Ayudará el hecho de que el Poder Judicial y los organismos electorales estarán encabezados por una mujer. La posibilidad de una presidenta constituye en sí misma un avance sustancial para la vida pública del país, en muchos sentidos, pero lo será cabalmente si estamos conscientes de las implicaciones. Los generales no están acostumbrados, los hombres fuertes regionales y los grandes empresarios tampoco y de los líderes sindicales con secretarias de estilo «buchonas» mejor ni hablamos.

Las memorias de Margaret Thatcher, la Dama de Hierro, de Inglaterra, muestran que su imagen en efecto derivaba de su determinación, pero también de la necesidad consciente de proyectar de manera deliberada una firmeza intransigente frente a los machos que la rodeaban. Hillary Clinton consintió que sus colaboradores le construyeran una imagen de dureza para aspirar a la presidencia de Estados Unidos. La autobiografía revela que Angela Merkel tampoco escapó al dilema. Nada que no pueda resolver Claudia Sheinbaum, me parece, pero exige una estrategia al respecto. Una que no siempre favorecerá una actitud conciliadora que sus interlocutores puedan interpretar como debilidad.

Todos estos retos dependerán mucho del equipo político del que pueda dotarse y de su propia capacidad para construir puentes y espacios de negociación con el resto de los actores políticos y económicos del país. Algunas de las más importantes colaboradoras del actual gabinete la han apoyado, y varias de ellas seguramente serían incluidas en su equipo, en caso de llegar a Palacio Nacional. Experiencia y lealtad al proyecto original. Pero no hay a la vista operadores «de amplio espectro» y reconocimiento unánime para ayudarle a la labor.

En un escenario positivo Claudia Sheinbaum podría ser la presidente innovadora y moderna que requiere el cambio progresista en México. Una dirigente de aprendizaje rápido, estudiosa y empapada en los problemas, honesta y muy laboriosa. De todos los cuadros políticos que aspiran a la presidencia, me parece que podría ser la mandataria más desprovista del egocentrismo machista que caracteriza a los líderes, y no sólo por el hecho de que es mujer (muchas políticas destacadas exhiben actitudes de macho alfa que en nada «desmerecen» a sus colegas). La manera discreta en que durante la pandemia portó mascarilla frente a López Obrador, sin aspavientos, pero con responsabilidad, y la decisión de convertir la refundación de la Línea 1 del Metro en la principal obra de su administración para asegurar lo que ya funciona en los años por venir, habla de una actitud que va más allá del ego o la conveniencia personal.

Me parece que, de los dos candidatos, Claudia es la que más margen tiene para sorprendernos, justamente porque su verdadera naturaleza por distintas razones no es del todo evidente. La revisión de su trayectoria lleva a pensar que esa sorpresa puede ser en positivo.

Los retos de Ebrard

Si Marcelo Ebrard representa la garantía de «el cambio con continuidad», enfrenta un problema mayúsculo: mantener la base social y el apoyo político de las mayorías que han postergado expectativas en la medida en que hay un hombre en Palacio que habla en su nombre. La estabilidad política se ha conservado gracias a la capacidad de López Obrador para mantener esa esperanza pese a los magros resultados provocados por la pandemia, la crisis o las propias limitaciones.

Si a Claudia pudiéramos atribuirle una mayor vocación para mantener o profundizar el objetivo de *redistribuir* y convencer de ello a los seguidores, en Marcelo encontramos mayores argumentos para el reto de *crecer*. En el fondo ese es el dilema o la fuente de preocupaciones respecto de uno y otro.

Si se asume que el país está urgido de la reconciliación y de la unión de todos para poner en marcha la economía, o de poner el énfasis en los consensos para buscar un país menos desigual, Ebrard es la opción natural. Está mucho más familiarizado con los ámbitos internacionales y financieros para aprovechar de manera más inmediata el contexto mundial que potencia las posibilidades de México. Su arribo a la presidencia sería percibido, adentro y afuera, como un impulso pendular que quitaría aristas y obstáculos, reales o imaginados, a los aspectos más cuestionados del estilo personal impulsado por López Obrador.

Como en el caso de Claudia, en el que se ha sobredimensionado una imagen de radicalismo o presunto sectarismo, en el de Ebrard se ha exagerado una supuesta ausencia de compromiso ideológico. En el canciller hay un político práctico, es cierto, pero el análisis de su trayectoria y las decisiones tomadas revelan convicciones ideológicas consistentes. En más de una ocasión ha hecho una defensa sólida y vehemente de una agenda congruente con el obradorismo, en versión «segundo tiempo» y ajustada a los nuevos contextos internacionales.

La prioridad en este sexenio, ha dicho, era voltear hacia los sectores más desprotegidos e intentar sacarlos de la pobreza absoluta e indigna, aliviar lo más apremiante tras tantos años de desigualdad; era lo que había que hacer y López Obrador lo hizo. En un segundo esfuerzo, ha afirmado, tendríamos que asegurar que el mayor número de personas de estos sectores se conviertan en clase media. El objetivo sería «clasemediatizar» a la sociedad mexicana. Y en su opinión eso requiere muchas cosas: mantener los apoyos sociales que hoy se entregan, pero construir también los puentes para hacer activamente prósperas a muchas personas. Habría que pedirles un mayor esfuerzo a los que están arriba, pero lo más importante es crecer a tasas mucho más altas, es decir aumentar la proporción de la riqueza que se va a distribuir.[1]

En este enfoque residen las fortalezas de la opción «Ebrard», pero obviamente también sus debilidades. Construir un ambiente favorable a la conciliación es urgente, pero eso supone abandonar la narrativa que confronta, denuncia, ridiculiza y arrincona a los actores económicos y políticos adversos al cambio. Y abandonar esa narrativa antes de cumplir las expectativas de los sectores sociales agraviados supone un costo político. Toda negociación entraña una situación en la que se gana, pero en la que también se pierde; hay logros, pero también renuncias. Existe el riesgo de que en el proceso se sufra el desencanto de amplios sectores y la impaciencia de los grupos más radicales, que hasta ahora mantienen su apoyo al obradorismo. Y no me refiero exclusivamente a las militancias políticas y a los activistas de izquierda. En México hay un descontento social en muchos microespacios: gremiales, vecinales, familiares incluso. Conflictos por inseguridad pública, agresiones por temas de género, de carencia de servicios públicos, actos de injusticia flagrantes y

---

[1] Entrevista de Sabina Berman a Marcelo Ebrard en el programa *Largo Aliento* difundida en Canal 11 el 20 de enero de 2023. Consultado en https://www.youtube.com/watch?v=_hNeZdAgtNU.

un largo etcétera. Por lo general proceden de sectores que han confiado en López Obrador, y eso, en mayor o menor medida, ayuda a acotar la frecuencia y la intensidad de las protestas. En caso de que se extienda la percepción de que el gobierno ya no opera en favor de las causas populares podríamos regresar a la potencial explosividad social que la elección de 2018 ayudó a conjurar. Las percepciones obedecen menos a los argumentos técnicos y más a las sensaciones sobre la identidad del gobierno y al sector social que aparentemente favorece. Si el gobierno de Ebrard perdiera esa etiqueta, estaríamos en problemas.

En un escenario negativo, la presidencia en manos de Marcelo podría desatar los demonios que ayudó a atar el triunfo de López Obrador. El país está atrapado en una complicada paradoja. Resolver las expectativas de empleo y crecimiento que exigen las mayorías implica una actitud conciliatoria hacia sectores con los que López Obrador ha mantenido una confrontación y que será leída como un desplazamiento hacia el centro, eso a su vez podría desencadenar la oposición de esas mayorías y por ende incidentes de inestabilidad. O, para decirlo de otra manera, atraer los actores económicos para incentivar la inversión podría exigir negociar temas que tienen que ver con la distribución. A cambio de participar, las élites buscarán minimizar las transferencias que se necesitan para caminar hacia una sociedad más justa. Se requerirá mucha capacidad de negociación para ceder en temas no sustanciales, de tal manera que los acuerdos no sean leídos como una renuncia al proyecto. El riesgo es que la impaciencia estalle antes de que los resultados tengan un impacto.

En un escenario positivo, Ebrard resuelve la paradoja de manera afortunada. No es descabellado. La prolongada polarización ha generado un desgaste que ha fatigado a muchos actores entre las élites. Bien gestionado podría dar lugar a una colaboración relativamente generalizada sin necesidad de renunciar a las banderas sustanciales del proyecto obradorista.

«Primero los pobres, por el bien de todos», sigue siendo una consigna «vendible» ante muchos mexicanos de los segmentos más prósperos, a cambio de presentárselas en un paquete asequible.

Entre melón o sandía

El país que recibirán muy probablemente Claudia Sheinbaum o Marcelo Ebrard en septiembre del próximo año no será una perita en dulce. El problema de la inseguridad pública resultará impostergable sin importar quién llegue a la silla presidencial. Me parece que ambos favorecen una solución «civilista», a diferencia de la inclinación de López Obrador por las fuerzas armadas. Al respecto, Sheinbaum cuenta con el apoyo de su eficaz jefe de Seguridad, Omar García Harfuch, lo cual podría favorecer nuevos esquemas para abordar el problema. Los dos posibles presidentes tendrían que ampliar la base de ingresos del sector público, quizá mediante una reforma fiscal, para generar los recursos que requerirá la recuperación económica. Ebrard parecería particularmente dotado para propiciar una afluencia masiva de inversión extranjera directa. Con un poco de suerte disfrutarán de un contexto internacional positivo que López Obrador no tuvo; la economía mundial podría estar dejando atrás, finalmente, la atonía de los últimos tres años.

Con todo, y aunque no exentas de riesgos, me parece que las perspectivas de cambio son favorables. Se trata de dos cuadros probados de la administración pública, cada uno con sus fortalezas y debilidades. Comparados con los últimos cinco presidentes, para no ir más lejos, me parece que poseen una formación más completa no sólo por su trayectoria profesional sino también por la mezcla de sensibilidad social y capacidad técnica que exige el reto en que nos encontramos. México es una potencia económica mundial que forma parte de la Organización para la Cooperación y el Desarrollo Económicos (OCDE), pero con los frágiles pies de barro de una pirámide social que prácticamente remite a África. La desigualdad social es abismal. La situación social no acepta una gestión tecnocrática, pero el contexto internacional y las realidades económicas no admiten un manejo ideologizado. En ese sentido, tanto Claudia como Marcelo son una buena noticia. Funcionarios profesionales con sensibilidad social; una mezcla poco frecuente.

Con todos los claroscuros que puedan atribuírsele al polémico estilo de López Obrador, habría que decir que él hizo lo más difícil: romper el monopolio de las élites, y poner sobre la mesa la urgencia de voltear la mirada hacia las mayorías dejadas atrás. Lo hizo a empujones y tirones, y los modos no fueron elegantes ni bonitos la mayor parte de las veces. Pero quizá no podía ser de otra manera, particularmente cuando las crisis retrasaron o minimizaron la posibilidad de cumplir las promesas en lo inmediato. Logró sostener el apoyo popular para mantener la fuerza política frente a la reacción de los grupos de interés contrarios al cambio. Y más importante, consiguió la legitimidad popular para darles a sus banderas la oportunidad de una segunda temporada. Hubo errores e improvisaciones, enojos y exabruptos; desgastes inevitables al haber convertido en combustible los agravios históricos y la indignación. Pero todo indica que consiguió darle la oportunidad al menos seis años más a su proyecto.

Lo que sigue podría ser diferente. Si López Obrador se separó del camino que se había seguido en los últimos 30 años y se dedicó a abrir brecha entre matorrales a golpes de machete y arañazos, los que vengan podrán cimentar y pavimentar, decorar y ajustar. Hay una buena oportunidad para que Claudia Sheinbaum o Marcelo Ebrard consoliden y amplíen, en una versión más tersa, moderna e inclusiva, lo obra negra que ya ha sido empezada. Si lo saben hacer.

Primero tendríamos que elegir a una u otro.

ANEXO

LOS OTROS

La tesis central de este libro es que el próximo presidente de México saldrá de los protagonistas presentados en los capítulos anteriores. Sin embargo, se han incluido en este anexo figuras que han formado parte del entorno político y mediático del largo proceso preelectoral que hemos experimentado. La lista de «suspirantes» podría ser interminable. En algún momento el propio López Obrador habló de una cincuentena sólo para referirse a los de la oposición. Ciertamente no serían tantos, pero se trata, en efecto, de una baraja aún demasiado abierta. Incluye tanto a aspirantes priistas como panistas y no se excluye la posibilidad de que el bloque, en tanto alianza, recurra a una opción externa, más ciudadana.

Se han incluido seis perfiles más bien con carácter testimonial, con la conciencia de que podría haberse desarrollado otra docena de opciones, pero que todas ellas en realidad sí podrían terminar en una boleta electoral, aunque no enfundadas en una banda presidencial. Con todo, han sido animadores de esta larga pretemporada y algunos lo seguirán siendo hasta el día de la jornada electoral.

Erwin Crowley aportó la investigación y la primera versión de los breves perfiles que a continuación se presentan.

RICARDO MONREAL ÁVILA. EL PRESTIDIGITADOR

Como en competencias de nado, Ricardo Monreal Ávila da brazadas y patalea a toda velocidad para no quedarse atrás. «Estoy preparado, tengo experiencia acumulada, tengo 45 años en el servicio público, provengo de una familia humilde, 14 hermanos. He sido producto de la cultura del esfuerzo y creo que soy el mejor para suceder al presidente López Obrador», nos dice Ricardo cada que puede, como en San Luis Potosí, al presentar uno más de sus casi 20 libros.[1] «A López Obrador le conviene que yo sea su sucesor porque tengo más experiencia que los demás, tengo más madurez, independencia de criterio, autonomía y capacidad para llevar a México a mejores estadios. Yo sería el presidente de la reconciliación nacional», comentó en otra ocasión desde Cancún.[2]

A fuerza de decirlo, no ceder, insistir y machacar que él desea y se siente preparado para participar en la contienda de 2024, ha logrado, por lo menos, ser incluido en la breve lista de corcholatas. A vistas, Ricardo Monreal ha sido segregado de los punteros de Morena, que se encuentran ya a millas náuticas por delante, lo cual obliga a recurrir a medidas desesperadas; algo que parece ser ya su segunda naturaleza.

---

[1] https://politica.expansion.mx/presidencia/2022/06/23/monreal-factor-de-fractura-en-morena-rumbo-al-2024.

[2] https://latinus.us/2022/08/15/lopez-obrador-conviene-sucesor-porque-tengo-experiencia-demas-ricardo-monreal/.

Y ¿desde dónde viene nadando?

Ricardo Monreal Ávila nació en el pueblo de Plateros, al norte de Fresnillo, Zacatecas, el 19 de septiembre de 1960, en el seno de una familia de 14 hijos. Estudió la primaria y la secundaria en su pueblo natal, la prepa en Fresnillo y la carrera en la ciudad de Zacatecas. Estudió Derecho en la Universidad Autónoma de Zacatecas y luego cursó estudios de maestría y doctorado en Derecho Constitucional y Administrativo en la UNAM.

Como profesor universitario ha impartido las materias de Derecho Agrario, Derecho Administrativo, Derecho Mercantil, Derecho Electoral y Derecho Municipal. Se enroló en el PRI a los 15 años, en 1975. Durante su vida ha publicado textos de distinta índole pero siempre en el terreno del análisis político. Está casado con María de Jesús Pérez Guardado y ha procreado dos hijas, Elda Catalina y María de Jesús.

Cuando niño, Ricardo y su familia atendían un puesto de aguas frescas y los domingos vendía productos del campo en los mercados. Es devoto del Santo Niño de Atocha, gusta de montar a caballo y de convivir con su familia, a la que es muy apegado. Sus autores favoritos son Saramago, Fuentes, Paz, Spota y poetas como Amado Nervo. Gusta de la música clásica, principalmente Bach, Beethoven, Mozart y Vivaldi, pero también disfruta escuchar y cantar música de banda y ranchera.[3]

Buceo de largo aliento

Pero es verdad, Ricardo Monreal Ávila ha estado en el servicio público desde hace ya 45 años, y si la lista de partidos en los que ha militado es larga, habría que consignar que ha pasado por

---

[3] https://www.elheraldodetabasco.com.mx/local/punto-y-aparte-monreal-la-piedra-en-el-zapato-7010458.html.

todos los puestos imaginables. Partiendo de 1977, apenas con 17 años, pueden citarse: asesor jurídico de la Confederación Nacional Campesina (CNC); 1980, secretario de acción sindical de la CNC; 1984, subdelegado de la CNC en Tláhuac, Milpa Alta e Iztapalapa del entonces Distrito Federal; 1985, primer regidor en Fresnillo. Para 1988 ya es diputado federal de la LIV Legislatura, con 28 años; en 1991, senador por Zacatecas; en 1997, nuevamente diputado federal; en 1999 se convirtió en gobernador de Zacatecas; en 2004, representante del PRD ante el Instituto Electoral del Estado de México (IEEM). Para 2006 es asesor jurídico del candidato a la presidencia del PRD y, además, de nuevo senador. En 2012 fue coordinador de campaña del candidato del PRD y diputado federal por tercera ocasión; en 2015, jefe delegacional de Cuauhtémoc, Ciudad de México, y, en 2018, por tercera ocasión senador de la República.

En total, gobernador por seis años, jefe delegacional por tres años, diputado por nueve años y senador por 18 años. Si por galardones fuera, Monreal ya habría recibido la candidatura presidencial por mera acumulación. Para su desgracia, Andrés Manuel López Obrador no parece demasiado impresionado.

Corazones rotos o los chilaquiles atorados

Ricardo conoció a Andrés Manuel hace poco más de 25 años en un pequeño departamento de la Ciudad de México y desde entonces ha estado cerca de él en varios frentes; nunca sumiso, con ideas y camino propios, pero siempre a su favor. Uno llevó a la gubernatura al otro y luego este fue su asesor jurídico y coordinador general de campaña para las presidenciales de 2006 y 2012; en 2018 fue su coordinador en la segunda circunscripción, mientras a carrera propia iba por el Senado. Para diciembre de 2018 ocuparon, respectivamente, el Poder Ejecutivo y la coordinación de la mayor bancada legislativa.

En aquellos días las reuniones fluían con buenas notas al olor del humeante chocolate o café de olla que se servía en Palacio. Invariablemente, Monreal solía presumir la estampa. En algún momento la imagen se hizo trizas. Hoy, Ricardo Monreal abiertamente no es un favorito del presidente. Cabría preguntarse si hubo verdadero afecto y afinidad de ideas en esa hermandad que se presumía como para potenciar una mancuerna sucesora, o si sólo los unió la conveniencia recíproca. Sabido es que Monreal conoce bien los entuertos de todo el entramado político desde abajo, sabe negociar con unos y con otros, y como operador electoral es reconocida su capacidad, mientras que López Obrador le ofrecía, nada más y nada menos, mantenerse vivo en su carrera política. Pero tal vez nunca estuvo en el corazón del presidente.

Corcholatas llenándose el buche de piedritas

Hubo un conflicto inicial, cuando aparentemente ambos habían acordado en 2015 que Ricardo iría por la jefatura de la Ciudad de México para 2018. Si así fuere, López Obrador no respetó el pacto y se inclinó por Claudia Sheinbaum. En 2019 volvieron a tensar la relación, cuando Martí Batres quiso reelegirse en la presidencia de la Mesa Directiva del Senado y al parecer Monreal operó por Mónica Fernández. Batres acusó a Monreal de un fraude a «cañonazos» y la bancada se dividió.

A partir de 2021 los desencuentros fueron más patentes hasta que vino la fractura que los distanció. El mismo Ricardo Monreal señala que desde la Ciudad de México convencieron a López Obrador de que él habría sido el responsable de la fatal jornada electoral en las elecciones de mitad de sexenio en la capital, y lo señalan incluso de haber operado a favor de Sandra Cuevas en detrimento de la oficialista Dolores Padierna para la alcaldía Cuauhtémoc. Total, que «Lo venció la intriga», remata

Monreal, según entrevista a politica.mx. Entre que son peras o son manzanas, el presidente lo desterró de Palacio Nacional y, peor aún, su nombre nunca fue invocado entre las corcholatas ventiladas en la mañanera.[4]

Con Sansón a las patadas

En enero de 2022 Monreal criticó a López Obrador por adelantar la contienda, debido a las actividades de ciertos grupos, sobre todo por parte de Claudia Sheinbaum, y advirtió: «Los que creen que siendo más radicales pueden obtener el cargo o la posición política que anhelan, allá ellos». A lo que AMLO reviró en la mañanera del día siguiente: «Sí somos radicales, pero sólo contra los privilegios e injusticias». En vez de enfriar las cosas, los desencuentros continuaron y el 11 de febrero de 2022, cuando el presidente difundió los supuestos ingresos de Carlos Loret de Mola, Monreal expresó su respaldo a los periodistas, indicando que el ambiente de linchamiento no era propicio para nadie. En mayo de 2022 el presidente criticó duramente a la UNAM por enviar a casa a todos sus estudiantes de Medicina, en vez de ponerlos a apoyar contra la pandemia. Ricardo se puso del lado de la UNAM: «No me voy a confrontar con el presidente, pero en esta, yo estoy del lado de la UNAM», sentenció.[5]

El 23 de agosto, en el Senado, se llevó a cabo la presentación del libro *El imperio de los otros datos* de Luis Estrada, donde enumera las veces que López Obrador ha utilizado otros datos para explicar la situación del país. Monreal, entre otros senado-

---

[4] https://politico.mx/dinastia-monreal-ricardo-y-sus-hermanos-los-zacatecanos-en-puestos-de-poder y https://politica.expansion.mx/presidencia/2022/06/23/monreal-factor-de-fractura-en-morena-rumbo-al-2024.

[5] https://www.elfinanciero.com.mx/nacional/2022/05/18/monreal-vs-amlo-y-la-4t-estos-han-sido-sus-desencuentros/.

res, apareció sosteniendo el libro de portada roja: «Me arriesgo a que me digan traidor, porque sostengo un libro, y como en la Inquisición, se abrogan el derecho a quemarme. Pero me arriesgo», sostuvo Monreal ese mismo día.[6]

Abonando en ese mismo terreno, después de que Monreal indicara que los cambios necesarios para pasar la Guardia Nacional bajo el mando de la Sedena requerirían modificaciones constitucionales para evitar amparos y litigios en la Suprema Corte, ante los reclamos de la base morenista por tal atrevimiento, declaró: «Revisar la reforma no es traición a alguien». Y de hecho Monreal se abstuvo, por lo que el 10 de septiembre, habiendo sido aprobada la reforma de la Guardia Nacional, el presidente agradeció a los legisladores, pero fue crítico con Monreal: «Es su libertad. No estoy de acuerdo con su postura porque está avalando la falsedad, hipocresía y la politiquería del conservadurismo de México, pero somos libres». Y respecto a que haya influenciado el voto de otros senadores morenistas, el presidente valoró: «No lo creo, puede un legislador con vocación democrática o sin vocación democrática ofrecer su voto, pero no puede comprometer el voto de los demás [...] y, además, si lo hizo, no creo que le hagan caso los senadores en general. Verán, lo de Monreal, que tiene que ver con lo mismo, no hacemos nosotros alianzas cuando se trata de defender los intereses del pueblo, de la nación y que cada quien asuma su responsabilidad», sentenció el presidente.[7]

---

[6] https://politica.expansion.mx/mexico/2022/11/17/claves-de-desencuentros-entre-monreal-y-un-sector-de-morena.

[7] https://www.reforma.com/aplicacioneslibre/preacceso/articulo/default.aspx?urlredirect=https://www.reforma.com/si-monreal-pacto-no-creo-que-le-hagan-caso/ar2463687?__rval=1.

Ricardo patalea mucho... (¿hacia la otra orilla?)

Reflexiona Monreal en una columna publicada por *El Universal*, respecto a los que no están en el corazón del presidente: «La fuerza y popularidad del presidente son tales, que quienes no están en el paraíso, se ubican en el infierno político o, al menos, en la descripción dantesca del purgatorio», por lo que no pocos lo ven dar brazadas hacia otras fuerzas políticas para 2024.

Algunos consideran que él hará lo necesario para ser candidato de Morena, en primerísimo lugar, pero también de cualquier otro partido que se avenga en caso de emergencia. Cada cruce de miradas, cada comida o reunión con personajes de la oposición es de inmediato leído como brindis de alianza. Monreal ha insistido en que desea ser candidato por Morena y niega interés en alguna organización distinta; no obstante, desde sus propias filas se extienden rumores de que pláticas van y vienen con «los otros», al grado de tener que salir a desmentirlo. Aun así, soltó en octubre que lo único que lo detiene todavía en Morena es su respeto por el presidente: «Porque él y yo iniciamos hace 26 años esta lucha y no voy a salir por la puerta trasera de Morena y no puedo admitir ser traidor porque piense distinto».

Un chapulín destacado

Ricardo Monreal se indigna con quienes lo ven abandonando a Morena, como si se tratase de un pecado capital, o como si no lo hubiera convertido en estrategia de moneda corriente. Su primer partido fue el PRI desde 1975 hasta 1998. Luego, fue militante del PRD de 1998 a 2008. De 2006 a 2012 formó parte del PT para armar bancada. En 2012 y hasta 2014 estuvo en Movimiento Ciudadano. A partir de 2015 es militante de Morena.

Cuando quiso ser candidato por el PRI a la gubernatura de Zacatecas y su partido se la negó, el mismo López Obrador platicó con Monreal y lo convenció de que se uniera al PRD y fuera el candidato, entonces se cambió, participó y ganó. Pero, con toda razón, Monreal podría argumentar: ¿acaso no fue en el PRI donde tuvo sus cimientos políticos la mayor parte de quienes participaban en aquel PRD? El que esté libre del PRI que arroje la primera piedra, diría el clásico.

A esas corcholatas ya les anda

Ricardo Monreal ha repetido más de una vez que el proceso al interior se abrió demasiado temprano y se está viciando debido a un terreno disparejo. Critica algunos hechos que califica como posibles actos anticipados de campaña por parte de sus competidores Ebrard, Sheinbaum y Adán López. «Les recomiendo tener cuidado porque pueden incurrir en actos anticipados de campaña, porque no son tiempos de promoción personalizada y las bardas y los espectaculares ahí están, a la vista», aseveró Monreal en Cancún.[8]

El coordinador de Morena en el Senado afirmó que desde las oficinas de la jefa de Gobierno de la Ciudad de México, Claudia Sheinbaum, del secretario de Gobernación, Adán Augusto López y del canciller Marcelo Ebrard animan los ataques y una «guerra sucia» en su contra. «Me quieren eliminar a la mala y no me voy a dejar», señala en un video en sus redes.[9]

Pero luego recula: «No voy a destazar o despedazar a las corcholatas. Eso no, al menos no de mi parte hacia ellos... de ellos hacia mí, no lo sé», dijo a los micrófonos desde Los Cabos. Pero el proceso interno lo tiene muy inquieto, la fórmula de la encuesta le preocupa porque ya conoce el entretelón de

---

[8] https://politica.expansion.mx/mexico/2022/06/13/monreal-senala-que-morena-incurrio-en-actos-anticipados-de-campana-hacia-el-2024.

[9] https://elcomentario.ucol.mx/me-quieren-eliminar-a-la-mala-y-no-me-voy-a-dejar-acusa-monreal/.

dicho método. Lo vivió en carne propia durante la carrera para definir al candidato a la jefatura de Gobierno de la Ciudad de México, donde compitió contra Claudia Sheinbaum, favorita de AMLO, entonces candidato presidencial. El resultado le fue adverso en la encuesta interna de Morena pese a ser delegado de la demarcación mas politizada y con la mejor vitrina de la ciudad e, incluso, pese a salir adelante en otras encuestas paralelas. Tiempo después ha revelado que ese proceso no fue de su agrado.

Monreal S.A. de C.V.

Esta fulgurante carrera política, llena de cargos públicos y actividades partidistas, no ha estado exenta de señalamientos y acusaciones hacia lo que en Zacatecas llaman la Dinastía Monreal, con Ricardo como punta de lanza y personaje más destacado. Los hermanos Ricardo, David y Saúl son tres de una familia multicitada en las nóminas regionales: Ricardo fue gobernador y hoy lo es David; además, este último fue presidente municipal de Fresnillo y senador. Por su parte, Saúl es alcalde reelecto de Fresnillo y antes diputado federal. Un dominio tal de Zacatecas, por tantos años, que ha sido calificado de cacicazgo.

Ciertamente, no es un delito que buena parte de la familia se dedique al servicio público y partidista. Contra los Monreal no han faltado las intrigas y acusaciones, que ellos denominan calumnias, y otros pecados. En 2009 se hallaron más de 14 toneladas de mariguana en uno de los ranchos de Cándido y de David Monreal; la bodega de la secadora de chiles San Felipe guardaba las pacas de la hierba. Ellos argumentaron que había sido sembrada en el lugar para perjudicarlos. Posteriormente se diría que era de la célula de los zetas que operaban en la zona y utilizaban las bodegas que se les antojase, por lo que no se procedió contra ningún Monreal.

Su hija Catalina también ha sido señalada de recibir contratos hasta por 36 millones de pesos con la actual administración federal; una parte, más de 3.2 millones, procede de la Secretaría de Bienestar en Zacatecas, a cargo de su tía; más de 27 millones, del Instituto Mexicano del Seguro Social (IMSS), y casi cinco millones de la Secretaría de Comunicaciones y Transportes, del gobierno federal, y prácticamente todos por abasto de combustible para flotillas de transporte, a través de una cadena de gasolineras llamada Multiservicio Plata donde ella es socia. Anteriormente, Mexicanos contra la Corrupción y la Impunidad (MCCI) reveló que amigos de Catalina obtuvieron contratos millonarios de la entonces delegación Cuauhtémoc, donde su padre era delegado, mediante una batería de ocho empresas zacatecanas. MCCI narra que Rubén Ledezma Somohano y Flavio Eduardo Mayorga Hernández, compañeros de preparatoria de Catalina Monreal en el TEC de Monterrey, recibieron de la delegación Cuauhtémoc seis contratos por 20 millones de pesos en diciembre de 2015. Ambos abastecieron a la delegación Cuauhtémoc de mobiliario y computadoras, lo mismo que de material de limpieza, artículos deportivos, herramientas de ferretería e impresiones. Ninguno de los señalamientos ha tenido alguna consecuencia judicial.[10]

Yo sí arrojo la primera piedra

El 1 de diciembre de 2022 en el Senado, ante estudiantes, Ricardo Monreal pidió, otra vez, dejar atrás las descalificaciones y el clima de polarización, para encontrar la reconciliación en el país. «Jamás he tenido una sola denuncia por malversación de fondos, corrupción o abuso de autoridad. Todos los días me

---

[10] https://contralacorrupcion.mx/hija-de-monreal-obtiene-contratos-en-delegacion-a-cargo-de-su-tia/.

atacan, dicen que soy traidor porque pienso diferente, que soy desleal porque opino diferente, pero nunca me han dicho que me haya robado algo o que haya tenido cuentas pendientes». Eran los días en los que Monreal votó en contra de la reforma electoral y remató ante los jóvenes: «No negocien sus principios, usen razones y argumentos, no violencia. Venzan a sus adversarios con argumentos y con razones». El senador presentó 300 reservas que él marcó como controvertibles de la ley electoral en un documento de más de 280 páginas que nadie se dio el tiempo de leer el día de la votación. Irónicamente, son los argumentos que presenta el INE en su alegato, muy bien armado, ante la Suprema Corte de Justicia de la Nación.

Méritos en campaña, ¿para qué han servido?

En 2008 Monreal hizo una gran campaña extraterritorial en los Estados Unidos, donde gana adeptos entre la población y la clase política zacatecana, hecho que lo impulsa a promover el voto de los mexicanos en el extranjero y la protección de los derechos laborales de los mexicanos migrantes. En 2004 creó la Comisión de Atención a Migrantes. Como gobernador impulsó políticas sociales, económicas y culturales a través de la creación de programas y promulgación de leyes, tales como la Ley del Instituto de la Juventud del Estado de Zacatecas, con la intención de incorporar a la juventud a la vida activa de la región. También creó la Ley de Desarrollo Social para el Estado de Zacatecas, enfocada principalmente al cuidado de la salud, la educación, la alimentación y la vivienda, y propone la integración de los sectores público y privado. Como diputado, Monreal diseñó iniciativas sobre temas de corte económico y social, en atención a grupos vulnerables, igualdad de género, educación, trabajo y previsión social, energía, justicia, derechos de la salud y de la niñez. Como senador fue autor de varias iniciativas y proyectos legislativos de varios órdenes, como la creación del proyecto de Ley de la Comisión de la Verdad y la Reconciliación. Bajo su administración, Monreal presume que la delegación Cuauhtémoc obtuvo el reconocimiento por ser la mejor administración delegacional con un sentido humanista y cercano a la población de la Ciudad de México, otorgado por la Asociación de Empresarios y Ciudades Hermanas en abril de 2017.

El ocaso de una estrella

Monreal conoce bien al presidente y entiende que contradecirlo es un riesgo que él ha tomado varias veces. «Soy un socio y no un subordinado de López Obrador», le dice al diario *El País*. «Estoy con el presidente, pero no con el coro incondicional de seguimiento. O sea, yo tengo mi opinión propia, mi criterio y lo que estoy intentando es que el órgano legislativo sea auténtico», le dice al diario español y continúa: «No, nunca querría competir con el presidente y menos hacerle sombra. Quiero mantener una relación siempre de respeto e igualdad frente a él. Bueno, tan nunca lo he traicionado, que todas las reformas que al presidente le interesaban, como movimiento y como titular del Ejecutivo que presentó como iniciativas, salieron, incluyendo nombramientos que no fueron fáciles, que no fueron cómodos, un desempeño que debe ser valorado». Al mismo tiempo aclara: «No soy suicida. No le puedo decir nada al presidente. Decidí no enfrentarme a él porque no soy suicida y yo soy parte del movimiento aunque no les gusta a muchos, pero soy un hombre independiente con autonomía y criterio [...] el presidente de la República es muy poderoso en su voz y en muchas décadas no habíamos tenido a un presidente tan fuerte», comentó Monreal en Morelia en una entrevista colectiva con los medios, y continúa: «Lamento que la gente se vaya con lo que dice el presidente sin mirar si es lo idóneo para el país, pero pese a ello buscaré el acercamiento con el presidente».[11]

Su papel como coordinador de la bancada de Morena en el Senado le otorga un escaparate permanente que, todo indica, no alcanzará para hacerlo presidente. ¿Exceso de ambición?, ¿estrategias equivocadas?, ¿o de plano nunca fue parte realmente de los elegidos, por más que él lo haya creído?

Y, sin embargo, se mueve. Morena aún lo necesita en el Senado para sacar adelante una agenda clave. El partido no quiere prescindir de los hilos que el veterano político sabe jalar. La verdadera apuesta podría no ser la silla presidencial, prácticamente perdida, pero sí la vía para obtener la segunda presea más buscada: jefe de Gobierno de la Ciudad de México. Eso le daría el suficiente tiempo para armar una propuesta interesante para 2030 y luchar en la madre de todas las batallas.

---

[11] https://elpais.com/mexico/2021-10-01/ricardo-monreal-soy-un-socio-y-no-un-subordinado-de-lopez-obrador.html y https://www.elsoldemorelia.com.mx/local/no-me-enfrentare-al-presidente-asegura-ricardo-monreal-9278679.html.

SANTIAGO CREEL MIRANDA.
EL CIUDADANO BLANQUIAZUL

Antes de 2021 Santiago Creel Miranda pasó un tiempo fuera del radar político nacional. Su última responsabilidad formal había sido por tan sólo seis meses, en septiembre de 2016, como diputado constituyente para la formulación de la primera Constitución Política de la Ciudad de México. Incluso entonces, su intervención gozó de escasa trascendencia en los medios; francamente menor para alguien con su trayectoria: diputado, secretario de Gobernación del 2000 a 2005, precandidato a la presidencia en 2006 y senador de 2006 a 2011. Parecía el invisible ocaso de un político desinflado por el paso del tiempo.

Sin embargo, pese a esta pausa de discreto desempeño, nunca dejó de operar al interior del PAN. Los vientos cambiaron en 2021 y regresó como diputado federal por la vía de representación proporcional. Previamente a la campaña se incorporó a las mesas de trabajo para la formación de la alianza electoral Va por México, en donde volvió a mostrarse en el escenario nacional. Ya como vicepresidente de la Cámara de Diputados en el primer año legislativo, alguien con micrófonos cerca, no pierde oportunidad para dejarse ver y escuchar y, desde luego, marcar sus diferencias con la actual administración, para ostentarse a sí mismo como un paladín de la democracia y defensor de las «buenas costumbres» en la política.

Frente a la «flaca caballada» de la oposición y entendiendo que muy probablemente el PAN lleve mano en la definición del candidato en la probable alianza, Creel destaca entre los posibles candidatos. No es la primera vez que se encuentra en las listas de los prenominados. Sólo que ahora lo hace desde la oposición.

La conciencia cívica del 71

Santiago Creel Miranda nació el 11 de diciembre de 1954 en la Ciudad de México. Después de estudiar la primaria y secundaria en el colegio lasallista Simón Bolívar, mismo plantel que Marcelo Ebrard pero cinco años antes. Hizo la preparatoria en la Universidad Panamericana. En el campus tuvo una destacada actividad en la organización estudiantil justo cuando todas las universidades del país, más las públicas menos las privadas, eran un hervidero político. Un hecho lo marcó a los 17 años siendo estudiante de preparatoria, al ser testigo de cómo la policía golpeó y se llevó arrestados a varios estudiantes, entre ellos a dos amigos suyos, mientras participaban en una concentración del movimiento estudiantil de 1971. Un suceso que lo llevó a cuestionar el estado de cosas entre el gobierno autoritario priista de aquel entonces y la sociedad que quería hacerse mayor de edad.

Posteriormente se graduó en leyes por la Facultad de Derecho de la UNAM. Cuenta además con estudios de posgrado en la Universidad de Georgetown y con una maestría en Derecho por la Universidad de Michigan.

Los Creel de Chihuahua o Chihuahua de los Creel

La historia de la familia tiene un grueso pedigrí. Los Creel Terrazas fueron una dinastía legendaria en el norte del país en el siglo XIX, y durante el porfiriato jugaron un papel decisivo.

En esos años la familia era dueña de más de 50 haciendas y ranchos en el estado de Chihuahua, controlaban más de 28 000 km². Sólo en la Hacienda Encinillas, la más grande, empleaban a más 2 000 peones; en ella cabría holgadamente el estado de Colima. En sus propiedades administraban más de medio millón de cabezas del mejor ganado de México, más de 300 000 ovejas, en su mayoría Marsh, Rommey y Merino, 25 000 caballos, y su producción agrícola era parte importante de la producción nacional.

La riqueza de la familia saltaba a la vista con las propiedades que tenían en la ciudad de Chihuahua, antes del movimiento de la Revolución: la Casa Creel en la calle Aldama; la Residencia Terrazas en la esquina de Colón y Juárez, y la joya de la colección: la Quinta Carolina, al norte de la ciudad. Esta última fue la finca de verano de don Luis Terrazas y su familia. Todas fueron propiedades que rivalizaban en lujo, elegancia y belleza con cualquier mansión de Europa y Estados Unidos. Se construían con lo mejor que había en el mundo de aquel entonces.

Don Luis Terrazas (1829-1923), fundador del clan y tatarabuelo de Santiago Creel, fue elegido gobernador de Chihuahua en 1860. Anfitrión, protector, aliado político y confidente del presidente Juárez durante la Intervención francesa, Terrazas defendió a la república itinerante encabezada por Benito Juárez y venció a espada y fusil a las tropas invasoras francesas en la batalla de Chihuahua. Esto permitió que Juárez saliera de su refugio en Paso del Norte, hoy Ciudad Juárez, volviera a la capital chihuahuense y, con financiamiento de Terrazas, iniciara su regreso a la capital del país y a la restauración de la república. Al igual que Porfirio Díaz en el país, él fue gobernador durante varios mandatos entre 1860 y 1904.

Su otro tatarabuelo fue Reuben W. Creel, nombrado cónsul de los Estados Unidos en Chihuahua por su gran amigo, el presidente Abraham Lincoln, con quien se carteaba para mantenerlo al tanto de los sucesos en México, en especial respecto a

Juárez y los franceses. Reuben W. Creel se casó con Paz Cuilty Bustamante, descendiente de la familia del eminente insurgente, político e historiador Carlos María de Bustamante, secretario de José María Morelos y Pavón.

El abuelo de Santiago, el abogado Luis Creel Terrazas, fue un industrial, banquero y productor del campo, casado con Teresa Luján Zuloaga, descendiente de la familia del general Félix María Zuloaga, aquel presidente de México que encabezó el Plan de Tacubaya que desconocía la Constitución de 1857. El matrimonio procreó seis hijos, de los cuales dos, Enrique y René, padre de Santiago, se identificaron con las ideologías del panismo que profesaban Manuel Gómez Morín y Adolfo Christlieb Ibarrola.

El camino de Santiago

A pesar de esta singular alcurnia, habría que reconocerle a Santiago su empeño en establecer su propio camino. En su juventud, y durante algunos años, participó como secretario del Consejo de la revista *Vuelta*, cuando el Premio Nobel de Literatura, Octavio Paz, era su presidente. Santiago Creel inició su vida profesional como consultor jurídico de la Secretaría de Hacienda y Crédito Público. Posteriormente fue director de la carrera de Derecho y jefe del departamento académico, así como profesor en el Instituto Tecnológico Autónomo de México (ITAM). También ha sido profesor en la UNAM y de la Universidad Panamericana.

Pero se introdujo en la vida pública «por la vía civil», no por la política estrictamente hablando. En los noventa fue coordinador de la Comisión para el Plebiscito del Distrito Federal, para que se transformara en el estado 32 de la República. En 1994 fue integrante del primer Consejo General Ciudadano del entonces Instituto Federal Electoral, donde acompañó a personajes como Miguel Ángel Granados Chapa, José Agustín Ortiz

SANTIAGO CREEL MIRANDA. EL CIUDADANO BLANQUIAZUL   223

Pinchetti, José Woldenberg, Ricardo Pozas Horcasitas y Fernando Zertuche Muñoz. En 1996 fue el organizador y coordinador del Seminario del Castillo de Chapultepec, antecedente de la reforma político-electoral de 1996, conviviendo con Santiago Oñate Laborde, Carlos Castillo Peraza y Porfirio Muñoz Ledo, entre otros.

Un primer tema en donde los caminos de López Obrador y Santiago Creel se cruzaron, a favor del tabasqueño, fue en enero de 1995, cuando López Obrador pierde ante Roberto Madrazo la gubernatura del estado de Tabasco entre documentadas acusaciones de fraude. Santiago Creel y Ortiz Pinchetti se presentaron ante el presidente Zedillo con todas las pruebas del fraude en más de 78% de las casillas y le pidieron anular la elección. Zedillo intentó operar para derribar a Madrazo, pero este se rebeló y no aceptó la negociación. López Obrador llevaba un mes de plantón frente al palacio de gobierno en Villahermosa.[12]

Fue hasta 1997 cuando optó por la militancia partidista. Encabezó la lista plurinominal del PAN para una diputación en la LVII Legislatura, una casaca que jamás volvió a quitarse.

En el 2000 vuelven a cruzarse los caminos de López Obrador y Creel, pero ahora como candidatos a jefe de Gobierno; uno por el PRD y el otro por el PAN; es importante porque en efecto es la primera vez que se encuentran en aceras opuestas. La diferencia de talante entre ambos fue notoria: Andrés Manuel, identificado con los sectores populares, mientras que Santiago terminó siendo llamado el candidato *totalmente palacio*. «No me molesta que digan que soy un candidato *totalmente palacio*, si ese palacio es el del ayuntamiento», respondía Creel en ese entonces.

Pero hizo méritos para unirse al gabinete de Vicente Fox. Su desempeño como secretario de Gobernación está lleno de claroscuros: Atenco y la falta de operación política que demostró. La claudicación frente a las televisoras respecto de los tiem-

---

[12] https://letraslibres.com/revista-espana/el-candidato-de-la-extorsion/.

pos para el Estado que se redujeron a sólo 10%; el asalto al Canal 40 en el cerro del Chiquihuite. Los videoescándalos de Ahumada, el señor de las ligas, Carlos Ímaz y Ponce.

Pero sobresale el desafuero a López Obrador. Él ha dicho que no estuvo de acuerdo con el tema. En una entrevista que concedió en el Salón de Plenos en octubre pasado, aclaró: «Cuando me cercioré y tuve la convicción de que no había sanción posible que imputarle, ese mismo día me trasladé al rancho del presidente Fox, para convencerlo de desistir del desafuero».[13]

No obstante, otro cercano a los hechos, Fadlala Akabani, exdelegado de la Benito Juárez, no duda en afirmar: «Para mí, sin ninguna duda, el padre político del desafuero fue Santiago Creel mientras que el padre jurídico fue Macedo de la Concha».[14]

Y si ya tenía para contarles historias a sus nietos, nos enteramos de que, tan sólo en un mes, mayo de 2005, Creel autorizó más de 450 permisos para operar casinos y casas de apuestas principalmente para los dueños de los medios de comunicación. En mayo de 2005 parecía que los tenía en el bolsillo para sus intenciones en 2006; tiempo después le pagaron difuminando su cara en las notas del Senado.

Nunca sabremos bien a bien su incidencia en la llamada *Ley Televisa*, pero sobre su responsabilidad, Creel ha sido enfático al señalar que él no tuvo nada que ver con ella, pues ya no era secretario de Gobernación. Creel deja Gobernación el 1 de junio de 2005, mientras que la Ley Televisa fue votada por unanimidad y sin lectura el 1 de diciembre de ese año, luego votada por el Senado el 30 de marzo de 2006. Sobre la ley opina: «Las cosas fueron más bien una imposición de las tele-

[13] https://www.eumed.net/tesis-doctorales/2012/oajm/la_ley_televisiva.html.

[14] https://www.elfinanciero.com.mx/tv/bitacora-politica/padre-politico-del-desafuero-contra-amlo-es-creel-akabani/ y https://regeneracion.com.mx/yo-no-estuve-de-acuerdo-con-el-desafuero-de-lopez-obrador-santiago-creel-miranda/.

visoras que una negociación, prácticamente sometiendo a los candidatos y a los partidos para su aprobación».[15]

En vista de la inesperada derrota a manos de Felipe Calderón en las primarias presidenciales de 2006, Creel operó para obtener una senaduría por la vía de la representación proporcional y se convirtió en presidente del Senado. Pero entró en un limbo cuando dejó su escaño a partir de 2012. Por lo menos hasta 2021, cuando recibió la nominación como diputado plurinominal, y ahí se encuentra hoy en día tratando de despuntar y hacerse notar.

Un *totalmente palacio,* ¿golpeador?

Para levantar en la opinión pública, Santiago Creel sabe que un opositor contestatario y beligerante obtiene más reflectores. En este sentido ha intentado generar polémica con el gobierno federal y en especial con las formas de gobernar del presidente, pero le cuesta trabajo porque el golpeteo no es su línea. Creel no tiene la jiribilla para el pleito callejero; aunque, aun sin ser su estilo, se ha esforzado en marcar diferencias con la presente administración y ganar con ello espacios mediáticos.

Al asumir la presidencia de la Cámara de Diputados afirmó que el mayor reto político en su carrera era serlo «como integrante de un partido de oposición bajo una mayoría gobernante y un presidente de la República que no dialogan con la oposición; que no están dispuestos a intercambiar puntos de vista, ni compartir parte del proyecto de gobierno y de sus responsabilidades».[16]

---

[15] https://www.noroeste.com.mx/opinion/malecon-mazatlan/derrotada-judicialmente-la-ley-televisa-se-hizo-necesario-aplicar-los-criterios-de-la-corte-a-la-integracion-de-un-nuevo-cuerpo-legal-de-que-creel-se-AHOP13507.

[16] https://lideresmexicanos.com/gobierno-en-linea/situacion-critica-en-violencia-e-inseguridad/.

«Ud y su partido se comportan peor que el viejo PRI», le dijo Creel Miranda a López Obrador, vía Twitter. «Lo sostengo Presidente. Ud y su partido se comportan peor que el viejo PRI de los 70's: autoritario, clientelar y antidemocrático, ese que tanto usted idolatra y hoy quiere imitar. En lugar de risa, debería darle vergüenza, el PRI evolucionó, usted no», publicó en julio de 2022.

Y toma vuelo, haciendo sarcasmos con las frases del presidente: «Esto ya no tiene futuro. El tiempo no perdona y ya van 4 años. El país se ha ido acercando más a la pobreza franciscana que a la grandeza mexicana. Pronto pasaremos a la miseria franciscana. Tenemos un presidente que dice que la Constitución no es la Constitución, que no quiere que le vengan con que la Ley es la Ley. Pero lo que queremos los mexicanos es un Estado de Derecho, que la Constitución sea respetada y donde la Ley sí sea la Ley».

El 14 de octubre de 2022, tras la difusión en la mañanera de la lista de 42 posibles candidatos de oposición, donde aparecen personajes como Chumel Torres, Creel reviró: «Sr. Presidente lo invito a dejar de hacerse el mal comediante y dedíquese a lo realmente importante: inseguridad, inflación, sistema de salud quebrado, relaciones comerciales en peligro, violaciones al Estado de Derecho, estrategia económica fallida y mucho más», y continuó desde la Cámara: «El presidente debería de tener otras cosas más importantes qué hacer. Debe decirnos a los mexicanos cómo va a solucionar el problema de la violencia, el problema de la inflación, de la carestía de la vida. Pero no, se dedica media hora o un poco más a hacer burla, porque se ha convertido en un mal comediante. Cantinflas era mucho mejor que él, Héctor Suárez era mejor que él. Es lamentable ver a un jefe de Estado, al presidente de todos los mexicanos, estar jugando con todo eso».

En noviembre pasado Creel le envió un libro a López Obrador: «Presidente, en lo que me llega el diccionario que Ud. me iba a mandar, le envío el libro *La Política de Aristóteles*. El pueblo somos todos, incluyendo la oposición, las minorías y la diversidad que existe en el país. En una democracia el pueblo somos todos. En una oligarquía se divide al pueblo para que gobierne sólo un grupo y sus intereses. Así que sostengo mi afirmación: AMLO es el mayor oligarca y Morena la mayor oligarquía».

De las más recientes, el 4 de enero pasado, cuando escribió vía Twitter: «Ya no mienta Presidente, denigra su investidura, respétela y compórtese como Jefe del Estado Mexicano. Jamás he utilizado recurso público alguno para actividades personales o partidistas, como sí lo hace usted desde su conferencia mañanera», en respuesta al comentario del presidente en el sentido de que Creel habría utilizado dinero público para producir un libro sobre el general Terrazas.

Luego, después de que López Obrador calificara a la Alianza Va por México de antinatural y de ser unos promiscuos, Creel publicó en Twitter: «Le dolió que Va Por México se sostuviera. Sus intrigas respiran por la herida de la derrota de su tóxica Reforma Eléctrica, pero también porque sí hay tiro para el 2024. La ironía es que usted lo reconoció ayer y ahora lo quiere corregir y enmendar con sus burlas, pero ni así le alcanzará».

En el ring de López Obrador

Pero aunque sin querer darle mucho fuelle, López Obrador no ha podido resistir subirse al ring y contestar los golpes. Desde luego que algunos los responde desde esa fuerza avasalladora que es la presidencia con su estructura de poder y otras nada más quedan en chistoretes de la mañanera.

Tras los agitados eventos del 1 de febrero, cuando la banda de guerra flanqueaba al lábaro patrio para ser saludado en el recinto de la Cámara, Santiago Creel no le permitió la entrada, pues el ingreso de armas al recinto legislativo está prohibido. López Obrador ironizó en la mañanera del día siguiente: «Este señor Creel ahora sí que se envolvió en la bandera y se convirtió en patriota, pura politiquería, eso no es serio», atajó.

Otros desencuentros parecen más serios. Recientemente López Obrador ha reconocido que existen investigaciones de la Fiscalía General de la República (FGR) sobre factureros, y aunque dice no tener detalles sobre la investigación, los nombres de Santiago Creel y su hijo han salido en ellas. El 9 de enero de 2022 la revista *Contralínea* reveló que la FGR, la Unidad de Inteligencia Financiera y el Servicio de Administración Tributaria mantienen abiertas investigaciones sobre las operaciones del panista Creel Miranda y su hijo Santiago, entre otros, relacionadas con una intrincada red financiera que vincula a políticos y despachos de abogados con 36 empresas factureras.[17]

R con R

Santiago Creel considera que el país tiene que cambiar de rumbo, pues ya vamos hacia la miseria franciscana. Asegura que se ha dañado a las instituciones durante esta administración y que los valores de la democracia están en peligro con la 4T. Para ello presenta un primer esbozo de lo que él haría en caso de obtener el voto. Lo plantea en un programa que él llama Las 5 R: Reconciliación, Reconstrucción, Restablecimiento del Estado de derecho, Reinsertar a México en el mundo y Recuperación de la confianza.

Creel asegura que son los fundamentos sobre los cuales México podrá revertir el deterioro al que lo ha llevado la 4T. De cada una de las R se desprende toda una serie de acciones que, según Creel, debería tomar el gobierno. Dice tener experiencia como secretario de Gobernación por cinco años, dos veces diputado y una como senador.

---

[17] https://www.eleconomista.com.mx/opinion/Los-reyes-del-outsourcing-20210915-0005.html y https://contralinea.com.mx/interno/semana/en-fgr-investigacion-sobre-factureras-presuntamente-ligadas-a-creel-amlo/.

Santiago Creel Miranda es reconocido como un político cortés, mesurado y elegante. No obstante que hoy se presenta como el verdadero salvador de la justicia y la democracia, carga algunos temas que no dejan indiferente al votante. En el Código Postal 11000, en las pláticas de café, cuando se le menciona con posibilidades, algunos reaccionan como si de un *rockstar* se tratara. A juicio de algunos barrios del poniente de la capital, tiene la percha y la elegancia para portar la banda presidencial; perfecto para las giras internacionales. Otro estrato donde parece ser reconocido es en las clases medias, sobre todo de la Ciudad de México. Pero para el grueso del votante, el rural o del México profundo, es un desconocido, por lo que tendría que bregar mucho para hacerse presente.

Las intenciones del voto en los días y meses por venir definirán qué tanto es tantito y las verdaderas posibilidades de Santiago Creel.

¿Qué hace que una persona con una destacada y reconocida carrera periodística, de largo aliento, de un día para otro decida sumergirse en estas aguas turbias que sabemos es la política, desde sus diferentes trincheras? ¿Por qué alguien que se encuentra consolidando una exitosa trayectoria profesional de 36 años elige caminar por esos lodos?

Pero quizá aún más relevante sea la pregunta desde la otra punta del tema: ¿qué hace que una parte no despreciable del electorado considere la posibilidad de llevar a la presidencia a una mujer a quien más bien se reconoce desde la pantalla como conductora de noticias, entrevistadora y realizadora de programas de investigación y denuncia?

Si el votante no estuviera harto de los políticos tradicionales, habría menos casos como los del presidente de Ucrania, Volodímir Zelenski, o Jimmy Morales, presidente de Guatemala; Donald Trump, en Estados Unidos; Jair Bolsonaro, en Brasil; Sebastián Piñera, de Chile. Cómicos y multimillonarios tomando el poder que, se piensa, debería estar en manos expertas.

No es un tema menor el soltarle el país por seis largos años a alguien de quien se desconocen sus capacidades administrativas. Pero también resulta cansino que se elija a un «político-político» que sí se sabe lo que va a hacer y de ello se está harto, entre prebendas, corrupciones y, pese a la experiencia, garrafales errores.

Lilly Téllez es senadora desde 2018, aunque la conocemos hace ya desde casi cuatro décadas en las pantallas de varios noticiarios. Desde luego que sabe usar los micrófonos, se desenvuelve sin problemas en las entrevistas y sabe cómo expresarse. ¿Eso la convertiría en una figura presidencial? Sí, por lo visto. En este momento disputa las preferencias por el PAN para la candidatura a la presidencia de 2024.

Vivilla desde chiquilla

María Lilly del Carmen Téllez García nació el 14 de noviembre de 1967 en Hermosillo, Sonora, pero pasó su niñez en Ensenada, Baja California. Es hija de Jesús Téllez Villaescusa y Lilly García Plata. Tras una operación de riñón de su padre, tuvo que hacerse cargo de sus hermanas menores: Claudia, Sandra y Adriana; para Lilly es una consigna que ha tratado de cumplir hasta el día de hoy. La relación con su mamá nunca fue buena, según cuenta ella misma. No hay datos precisos sobre su educación, y aunque el Sistema de Información Legislativa menciona que el último grado de estudios de Lilly Téllez es de licenciatura, el Registro Nacional de Profesionistas no muestra evidencia de su cédula profesional.

Tiene un hijo, Leonardo Julián Calderón Téllez, de su anterior matrimonio con Guillermo Calderón Lobo. Actualmente está casada con el economista Jesús Tueme, asesor financiero de TV Azteca y Radio Fórmula.

En 1984, a sus 17 años, se incorporó al Canal 6 de Sonora, donde se desempeñó como reportera, productora y conductora. Pronto descubrió que la producción de documentales de denuncia era una de sus actividades favoritas. «Me fui haciendo sobre la marcha. Me ensucié los zapatos para aprender a reportear, escribir e investigar. Lo de la conducción no fue difícil, eso se me dio de forma natural», revelaría Téllez.

Se incorporó a TV Azteca en 1994, empresa en la que a lo largo de 15 años encabezó los noticiarios *A primera hora, Hechos Meridiano* y *Hechos 7,* donde produjo varios programas de investigación. El impacto de su programa sobre el caso Fobaproa fue tal que provocó que no se transmitiera la siguiente emisión de *Mitos y Hechos.* Al respecto, Téllez manifiesta: «No te imaginas la frustración que sentí, de tener las pruebas de toda la corrupción y que no se hayan publicado…».

Se presume que alguna de estas investigaciones y denuncias provocó que Lilly Téllez fuera víctima de un intento de asesinato el 22 de junio del 2000, del que salió ilesa. El ataque fue atribuido a dos posibles causas: el documental «El palacio de los Arellano Félix», en Ensenada, Baja California de 1998, o el reportaje «Abuso de poder. El caso Samuel del Villar», entonces procurador de justicia del Distrito Federal, publicado en el 2000.

Veintidós años después, Lilly Téllez publicó en su página web: «Dos años después de la balacera los atacantes fueron capturados porque eran integrantes de una banda de asesinos y secuestradores. A la fecha siguen en prisión, pero todavía está impune mi caso, porque las autoridades no han identificado al autor intelectual», a lo que de inmediato el periodista y columnista de *La Jornada* Julio *Astillero* Hernández respondió vía Twitter: «Claro, @LillyTellez: yo me inventé un "atentado" afuera de #TvAzteca para manipulaciones políticas vs izq. gobernante; yo me presté a farsas de periodismo como "entrevista" embelesada a #PeñaNieto y yo traicioné a #Morena q me llevó al Senado y hoy defiendo lo q antes denosté». Y mientras así se llevan los reporteros, el respetable intenta descifrar el acertijo de cómo Lilly Téllez planeó el atentado para poder atacar al gobierno de la 4T, ¡22 años después!

Su desempeño profesional ha sido reconocido en varias ocasiones. Recibió el Premio Estatal de Periodismo, en Sonora, en 1992; la Asociación Nacional de Locutores de México le otorgó, en 2005, el Premio Nacional de Locución. En 2007 se hizo acreedora al Premio Antena a la trayectoria, y en 2017 recibió la presea

Leona Vicario como reconocimiento al Mérito Periodístico, en el Senado de la República.

El giro a la política

De entrada, el periodismo y la política parecerían profesiones muy distintas, pero la verdad es que se nutren una de la otra y ambas de lo mismo: la política y su difusión. Uno de sus sueños era reportear desde la Casa Blanca.

En 2018 el entonces candidato a la presidencia, López Obrador, le ofreció a Lilly Téllez incorporarse a Morena y competir en fórmula con Alfonso Durazo por el Senado. Ella aclara: «Mi responsabilidad como periodista ha sido la denuncia de la injusticia y la corrupción; son los mismos ámbitos que tienen prioridad también ahora que soy senadora».

Inició sus labores como legisladora con mucho entusiasmo por pertenecer a un grupo con tanta fuerza e importantes promesas de cambios profundos para mejorar la situación del país, afirma. Conforme los meses fueron pasando, Lilly Téllez dejó de compartir la visión de la 4T y empezó a tener fuertes diferencias con los compañeros de su bancada. «Mi voto en el Senado obedece única y estrictamente a lo que mi criterio considera correcto», explica Téllez.

¿En dónde está su corazón político?

Después de casi año y medio y luego de que varios morenistas pidieron su expulsión, anunció su salida de Morena por «diferencias de criterio», según explicó ella. Se presume que las «diferencias de criterio» que tuvo con Morena fueron su postura en contra de la legalización del aborto y ante el feminismo. A ello se sumaron sus críticas a Evo Morales.

Tras su renuncia, el 14 de abril de 2020, aseguró que se quedaría como senadora sin partido, sin embargo, el 28 de marzo de 2022 se unió al PAN. Su simpatía por el blanquiazul se alineó con la visión conservadora de ese partido, como considerar el aborto un crimen o negar el género no binario.[18]

En junio de 2021 la senadora publicó en Twitter una declaración en donde afirmaba preferir la «guerra contra el narco» de Felipe Calderón que una supuesta «guerra contra las farmacéuticas» del gobierno de Morena, lo que fue respondido por el periodista Julio *Astillero* en la misma red social, con la afirmación: «Es probable que este sea el peor tuit que haya publicado @LillyTellez», lo que generaría un intercambio viral y visceral dentro la red social. Un incidente que al parecer se ha convertido en estrategia de la senadora para ganar notoriedad.

A propósito de una iniciativa de reforma constitucional, promovida por el senador José Narro Céspedes, para incorporar la figura de la propiedad social al ámbito agrario, la senadora volvió a ser objeto de polémica al alegar: «Este gobierno neocomunista va por la expropiación».[19]

En abril de 2021 fue duramente criticada en redes sociales al denostar a la también senadora Citlali Hernández, de talla grande, por su aspecto físico, compartiendo una imagen y un mensaje dirigido a Ricardo Salinas Pliego: «Ambas somos senadoras y cenadoras... con diferentes hábitos y resultados», una aseveración calificada de discriminatoria y promotora de violencia contra las mujeres.

En la primera semana de septiembre de 2021 Téllez firmó la Carta de Madrid durante una reunión con el presidente del partido español Vox, Santiago Abascal. Una carta de intenciones que tiene como objetivo frenar el aumento del comunismo en Iberoamérica. Aunque después se dijo arrepentida, Téllez

---

[18] https://es.wikidat.com/info/lilly-tellez.

[19] https://www.proceso.com.mx/nacional/2020/12/1/lilly-tellez-este-gobierno-neocomunista-va-por-la-expropiacion-253737.html.

fue fuertemente censurada —entre otros personajes— por el presidente de Morena, Mario Delgado; la jefa de Gobierno de la Ciudad de México, Claudia Sheinbaum, e incluso por el expresidente panista Felipe Calderón Hinojosa, quienes criticaron dicha alianza formal con la ultraderecha española.[20]

El 28 de septiembre de 2021, Día de Acción Global por un aborto legal y seguro, la senadora fue centro de críticas al compartir en Twitter una serie de mensajes en contra del aborto, en uno de ellos con la publicación de la imagen de un legrado acompañada con la frase: «El trapo verde es muerte». Usuarios de las redes sociales hicieron ver el error reproducido por la senadora al tratarse de la imagen de un feto en etapa avanzada al ser desmembrado para salir del útero, lo cual constituía información falsa dado que se trataba de un procedimiento médico no relacionado con la interrupción voluntaria y porque en el país la interrupción legal del embarazo es permisible sólo hasta las 12 semanas de gestación, motivo por el cual la publicación fue denunciada y posteriormente retirada.

En diciembre de 2021, luego de que la presidenta del Senado, la exministra Olga Sánchez Cordero, declinara imponer una controversia constitucional contra un decreto del Ejecutivo en el rubro de la seguridad nacional, como lo exigía el PAN, Téllez se lanzó contra la presidenta de la cámara alta, tildándola de «sinvergüenza» y «servil», entre otras descalificaciones, lo cual fue respondido por la exministra Sánchez Cordero a través de su red social de Twitter en los siguientes términos: «Hay políticas y políticos tan carentes de argumentos jurídicos y tan ansiosos de reflectores, que lo único que les queda es la grosería y la descalificación sin sustento. Mi respeto para quienes, aunque no concuerdan, difieren con argumentos y sin buscar *likes* fáciles. Al tiempo».

En medio de la pandemia de covid-19 y después de que el gobierno federal anunciara la adquisición de la vacuna Sputnik V

[20] https://es.wikidat.com/info/lilly-tellez.

del Centro Gamaleya, Téllez descalificó tal vacuna como de «mala calidad» y «barata», a la vez que atacó a Rusia como un país «antidemocrático» y «corrupto», entre otras expresiones peyorativas, lo cual fue respondido por la embajada de Rusia en México dando una explicación de la amplia experiencia científica rusa y contrastando otras noticias falsas relacionadas difundidas por la panista. Eran días en los que Lilly Téllez llegaba al Senado a bordo de un Porsche, por lo que fue muy criticada en las redes. Ella aclararía que era el auto de su exesposo, quien nada tenía que ver con gobierno alguno.[21]

Lilly Téllez fue objeto de señalamientos con motivo de su «trabajo» legislativo al exponerse que en lo que va de la legislatura ha registrado innumerables faltas y otras en las que sí tenía asistencia, pero en las cuales no se registró ningún voto suyo, lo que indica que «pasó lista» y después se retiró, siendo por ello una de las senadoras que más faltas ha tenido en la legislatura.

Pajarito, pajarito

Otras disertaciones de Lilly Téllez, que ilustran su estrategia de campaña, pueden ser consultadas en su línea de Twitter. Por ejemplo:

«Morena pretende quitarnos a los mexicanos nuestro derecho al voto con su Plan B. Corriendo a todo el aparato clave que organiza las elecciones. Preparan el Gran Robo Electoral».

«El presidente AMLO acaba de privatizar el litio para sus cuates. El litio era propiedad de la nación desde 1917. Ahora es el botín de Morena, ya planean esquemas de ingeniería financiera para clavarle las uñas. Yo lo devolveré a los mexicanos».

«Voy a promover una iniciativa para que el presidente pague de su salario 5 000 pesos por cada mentira que dice. En una sola

---

[21] https://es.m.wikipedia.org/wiki/Lilly_Téllez.

mañanera se acabará su mensualidad. Dicen que lleva 95 mil mentiras. Ya estaría debiéndonos $475 millones de pesos...».

«En el primer día de mi gobierno, se van a cancelar los convenios para importar "médicos" cubanos. México dejará de ser cómplice de esta forma moderna de esclavitud».

«AMLO insulta a los cubanos y a los mexicanos al dar el Águila Azteca a Díaz Canel, violador de los derechos humanos».

«En mi gobierno retiraré el Águila Azteca a Díaz Canel y México será líder en los organismos internacionales en contra de los dictadores. No pisarán nuestra patria, ni habrá diálogo con ellos. AMLO y Sheinbaum no podrán refugiarse en sus países porque enfrentarán la justicia aquí».

El ataque permanente y desenfadado a buena parte de lo que hace o dice López Obrador ha pagado réditos. Aunque fuera de ello no es fácil dilucidar un proyecto político. «Un sistema de salud, un sistema educativo, un sistema de seguridad, y un gobierno en el que realmente exista estado de derecho», sin mayores precisiones, respondió en una entrevista conducida por el periodista René Delgado. En otra ocasión señaló que, si fuera presidenta, le gustaría llevar a juicio político al actual presidente de México Andrés Manuel López Obrador, por ser un «violador serial de la Constitución».

Popularidad tóxica

Pese a que, en efecto, las encuestas de intención de voto la señalan a la cabeza de un grupo de aspirantes en la exigua parrilla de la oposición, los cuadros profesionales del PAN prefieren evadir las preguntas o voltear a otro lado al ser mencionada la senadora como posible candidata. Conocida es, pero da la impresión de que necesitaría tener una popularidad arrasadora para que un partido estuviera dispuesto a tragarse los muchos pruritos que provoca la pendenciera senadora.

CLAUDIO X. GONZÁLEZ.
EL FLAUTISTA DE HAMELÍN

Claudio Xavier González Guajardo proviene de una de las familias más acaudaladas de México, con inversiones en muy diversos ámbitos de la industria y la empresa del país. Su padre, Claudio X. González Laporte, es un químico egresado de la Universidad de Stanford y presidente de Kimberly-Clark México; tiene intereses importantes en ámbitos de toda índole, como Grupo México, Grupo Carso, General Electric, Grupo Alfa, Fondo México, donde es miembro de los consejos de administración, además de tener inversiones en otro largo etcétera dentro y fuera del país. Se puede afirmar que cada familia mexicana consume todos los días algo que los intereses de su familia producen y venden. Fue presidente del Consejo Coordinador Empresarial, del Consejo Mexicano de Negocios y del Centro de Estudios Económicos del Sector Privado y sin duda forma parte de la aristocracia empresarial. También ha sido el gurú para los gobiernos neoliberales.

Se podría pensar que una familia así ya tiene mucho que atender y no tendría tiempo para entrometerse en los tejes y manejes de ningún gobierno, sin embargo, González padre fue uno de los personajes más influyentes y armó muy buenas relaciones con los gobiernos neoliberales (y también con los anteriores). Fue asesor del presidente Carlos Salinas de Gortari, formó parte fundamental de su equipo en las negociaciones del Tratado de Libre Comercio.

A través de sus actividades extraempresariales, la familia González se alineó en un espectro conservador de la iniciativa privada.

Habría que reconocer que la familia ha sido activa en favor de sus banderas en las buenas y las malas. Mientras que una parte de la derecha está colapsada y padece catatonia, otra parte, en la que los González se inscriben, está muy activa y busca influir en la agenda y los destinos del país. Lo hicieron en 2006, cuando Claudio X. González padre fue señalado como el artífice de la contracampaña «López Obrador, un peligro para México» que resultó ser un éxito, y lo harían ahora con Claudio X. González hijo en la construcción de un discurso crítico en contra del gobierno de la Cuarta Transformación. Los hombres X son sin duda de los nombres menos apreciados por el obradorismo en su conjunto. Una animadversión recíproca, hay que decirlo.

La estafeta

González Laporte, nacido en mayo de 1934, ya es un hombre de 89 años; una de sus últimas intervenciones tras bambalinas fue ir a pedirle al entonces presidente Peña Nieto que «aplicara la de 2006», refiriéndose a la contracampaña, aunque lo curioso de esta ocasión fueron los comentarios posteriores del mismo presidente a un amigo: «Palabras más, palabras menos, Peña me dijo, mira estos cínicos: me acusan de ratero y vienen a pedirme que evite la llegada de López Obrador». Tal vez ello forme parte del trato deferente del actual gobierno hacia Peña, el hoy expresidente no cumplió los deseos de González padre.

Con recursos igualmente amplios, pero instrumentos y discurso más moderno, González Guajardo tomó la estafeta de su padre, aunque no lo hizo sólo desde la trinchera empresarial. Ha intentado construir un proyecto de comunicación y liderazgo entre la llamada sociedad civil, que inevitablemente lo ha convertido en un actor político, al grado de ser mencionado en las listas de aspirantes presidenciales.

Con boleto preferente

Claudio Xavier González Guajardo nace en la Ciudad de México el 30 de enero de 1963, el día de los comicios tendría 61 años. En 1987 se tituló como abogado por la Libre de Derecho, donde fue presidente de la Sociedad de Alumnos los años 1985 y 1986. Continuó sus estudios en la Fletcher School of Law and Diplomacy, de la Universidad de Tufts, cercana a Boston y aún más cercana a la crema y nata del estudiantado estadounidense. En esa institución obtuvo en 1990 el grado de maestro en Derecho y Diplomacia, y en 1991 el de doctor en Derecho y Relaciones Internacionales.

Durante varios años ocupó puestos dentro del gobierno del presidente Ernesto Zedillo tanto en la Oficina de la Presidencia como en las secretarías del Trabajo y de Agricultura. También participó en las campañas presidenciales a partir de 1988.

Escribe como colaborador invitado en el diario *Reforma*. Ha recibido diversos reconocimientos públicos de parte de instituciones nacionales y extranjeras, entre las que destacan la Medalla José Vasconcelos al Desarrollo y Fortalecimiento de la Educación en México, en 2006, y el Education Leadership Award, de The World Education Fund en 2012.

¿El Robin Hood del CP 11000?

González Guajardo se define como activista social y se dice convencido de que las herramientas de una enseñanza de calidad y la construcción de un Estado de derecho verdadero le permitirán a México alcanzar su potencial de crecimiento humano y, por ende, económico. De ese espíritu surgen fundaciones como Aprender Primero, Bécalos, Visión 2030, Unión de Empresarios para la Tecnología en la Educación (Unete), o el Despacho de Investigación y Litigio Estratégico (DILE). Todas ellas asociaciones civiles o instituciones de asistencia privada, entidades jurídicas que con bienes de propiedad particular ejecutan actos con fines humanitarios de asistencia privada; todas sin afanes de lucro pero con depuradas estrategias para aspirar a donaciones de diversa índole. Donaciones no siempre rastreables porque: «Con la finalidad de garantizar la independencia y libertad de los investigadores, así como la *seguridad e integridad* de nuestros donantes, la identidad de los mismos no es divulgada ni al interior ni al exterior de la organización». Otro recurso muy importante son las donaciones en pequeño mediante los cajeros automáticos de todo el país, como es el caso de Bécalos, que ha generado dudas de cómo ese clic para donar en el cajero se traduce en algo parecido a los niños felices que vemos en los anuncios de la televisión promocionando la campaña.[22]

Su habilidad para convertir en un activismo social y político efectivo su dominio de la donación y la filantropía, cual buen Robin Hood del código postal 11000, es notable. Frente al reconocimiento que cosechan la evidencia y los resultados de las actividades de todas estas instituciones, coexisten los cuestionamientos de las cantidades que se quedan en gastos, honorarios y diversas canonjías.

Claudio Xavier González Guajardo también forma parte del Consejo de El Colegio de México, Consejo de Bancomer, Consejo del Tecnológico de Monterrey y, además, es cofundador y expresidente de Fundación Televisa, A.C., donde se promueven cuestiones éticas a través de campañas como «¿Tienes el valor o te vale?».

---

[22] https://blog.up.edu.mx/dr-claudio-x-gonzalez-en-la-universidad-panamericana y https://www.laizquierdadiario.mx/Claudio-X-Gonzalez-el-lucro-de-la-transparencia.

Pero las ligas mayores en términos políticos dentro de sus organizaciones fue la creación de Mexicanos contra la Corrupción y la Impunidad, la famosa MCCI que inicia con apoyos iniciales de dos millones por parte de su padre y luego tres millones de Kimberly-Clark. Nace con la idea de que sea un ente que estudie, analice y denuncie casos graves de corrupción gubernamental, con claras intenciones de ser un polo de presión patronal contra la corrupción del gobierno. A esta organización sin fines de lucro debemos las investigaciones que después se volvieron escándalos, como la iniciativa de Josefina Vázquez Mota, Juntos podemos, que recibió apoyos económicos del gobierno sin dar cuenta del destino de los recursos.

O el caso llamado «Los piratas del Borge», aquel saqueo institucionalizado de propiedades y terrenos en el estado de Quintana Roo por el gobernador Roberto Borge, hoy en la cárcel. O los 43 contratos de Murillo Karam, con los que hijos, sobrinos y demás parientes se sirvieron contratos por más de 4 500 millones de pesos. La red de 400 empresas fantasma de Javier Duarte, otro exgobernador en la cárcel. O la de 2017, con las investigaciones de la Estafa Maestra utilizada para triangular a través de 11 instituciones más de 400 millones de dólares para extraerlos del erario. O la Operación Safiro y las adjudicaciones directas por más de 600 millones de pesos, y el más publicitado por todo el mundo, el caso Odebrecht capítulo México, entre varios más.

Con denuncias de este tipo, que además eran ampliamente publicitadas, el gobierno de Enrique Peña Nieto se sintió más que aludido, al grado de que trascendió a la prensa una frase del presidente al decano de la familia: «La sociedad civil no debe pasar tanto tiempo hablando de corrupción». Ya en tiempos de la Cuarta Transformación continúa con las investigaciones y, entre otros, expuso el caso del emporio farmacéutico a la sombra del superdelegado en Jalisco Carlos Lomelí. Y, desde luego, el caso José Ramón Beltrán-Pemex-Baker Hughes y «La Mansión del Bienestar», popularmente conocida como la casa gris.

La Causa *Nostra*

El peso y la visibilidad que ha obtenido Claudio X. González Guajardo con todas estas acciones le han ganado un merecido puesto entre los líderes de la opinión pública contraria al obradorismo. Desde luego no está solo en esta preocupación común de algunos miembros de la élite empresarial. Comulgan también, y en ocasiones son compañeros de proyecto o simplemente son mencionados en el mismo aliento: Antonio del Valle Ruiz, exdueño del banco HSBC y presidente del Grupo Kaluz, padre del actual presidente del Consejo Mexicano de Negocios (CMN), Antonio del Valle Perochena; Alejandro Ramírez Magaña, presidente de la cadena de cines Cinépolis; también el expresidente del CMN, Valentín Díez Morodo, quien encabeza el Consejo Empresarial Mexicano de Comercio Exterior, Inversión y Tecnología y el Instituto Mexicano para la Competitividad, cuyo exdirector, Juan Pardinas, dirige el diario *Reforma*, y los hermanos Torrado, de grupo Alsea.

Se asegura que Claudio X. González recauda decenas de millones entre los que no gustan de la 4T, como Carlos Álvarez Bermejillo, dueño de grupo Pisa y uno de los más afectados con este gobierno; lo apoyaría también Eduardo Tricio Haro de grupo Lala y accionista de Aeroméxico. Según fuentes periodísticas, los esfuerzos apuntan en la misma dirección: evitar que Morena repita en la presidencia. Y entre esos esfuerzos no se descarta una posible candidatura de Claudio X. González, apoyada, eventualmente, por estos capitales y en alianza con el PAN el PRI y el PRD.[23]

---

[23] https://www.laizquierdadiario.mx/Claudio-X-Gonzalez-el-lucro-de-la-transparencia y https://www.sdpnoticias.com/mexico/quien-es-claudio-x-gonzalez-el-empresario-del-que-amlo-habla-en-la-mananera/.

No *atrás,* mejor *en* La Silla

González Guajardo fue el factor clave desde 2019 cuando encabezó las negociaciones hasta poner en marcha la iniciativa Sí por México, con la participación de estos tres partidos de cara a las elecciones intermedias, pero no sólo ellos: también el Frente Nacional por la Familia, el Consejo Coordinador Empresarial y el Consejo Mexicano de Negocios y una larga lista de organizaciones tradicionalmente vinculadas a la derecha. El «Sí por Pinochet» les ha llamado López Obrador, con su habitual sorna.[24]

La alianza se puso en marcha para las elecciones intermedias y tuvo mejores resultados de lo esperado, quedándose con varias alcaldías al poniente de la capital, varios municipios importantes del país y una buena tajada de la Cámara de Diputados, recortando la mayoría de Morena y sus aliados. También fue muy útil para frenar el avasallamiento del Congreso y la andanada de reformas constitucionales de la 4T.

La contraofensiva del gobierno llevó a resquebrajar la alianza con el desprestigio del presidente del PRI, Alejandro Moreno, Alito, con la complicidad involuntaria de los desmanes de este personaje. Un quiebre que ha llevado a la alianza a perder impulso. Claudio X. González y su grupo han trabajado denodadamente para relanzar el proyecto: encontrar los mínimos necesarios para ir juntos en las elecciones de 2023 en Coahuila y el Estado de México, y en 2024 para la presidencial. No se ha conseguido del todo, pero el proyecto sigue vigente.

La carencia de cuadros destacados por parte del PAN o de cualquiera de los otros dos partidos de oposición hace posible concebir la posibilidad de una candidatura externa: en tal caso Claudio Xavier González Guajardo es el primero en la lista.

---

[24] https://www.laizquierdadiario.mx/Que-es-Si-por-Mexico-y-que-organizaciones-lo-integran.

Después de todo es el artífice y constructor de la iniciativa. Una figura que podría atraer a muchos de los ciudadanos del México próspero. La pregunta es si con eso alcanza para vencer a los millones que habitan en el otro México.

ENRIQUE DE LA MADRID.
NOMBRE NO ES DESTINO

Enrique de la Madrid remite inevitablemente a la figura del expresidente, su padre, en más de un sentido. Convergen ambos en una gama de grises en el ideario popular por distintas razones.

A Miguel de la Madrid se le recuerda como el «presidente gris». Gris por su forma de expresarse; gris por su reacción ante los terremotos y demás calamidades. Gris comparado con López Portillo, el mandatario grandilocuente que le antecedió. A De la Madrid le tocó gobernar una debacle generalizada. No brilló por sus logros que a la vista del respetable fueron por demás grises. No obstante, fue el primer presidente tecnócrata y el verdadero padre del neoliberalismo mexicano. Un *Chicago boy* gris, pero que tuvo la fuerza para cambiar 180 grados la dirección del país. La entrada al neoliberalismo salvaje que predominó hasta diciembre de 2018 se debe a Miguel de la Madrid.

La trayectoria personal de Enrique ha sido francamente discreta si se compara con otros aspirantes a la candidatura presidencial. Nada de décadas en el servicio público escalando de puesto en puesto y ganando experiencia, y menos aún acodado con la gente resolviendo los problemas a flor de tierra. Nada de recorridos para constatar la situación de los pueblos y proponer alternativas a su realidad histórica. Y, sin embargo, ninguno de los precandidatos goza de su muy particular experiencia: a los 20 años vivía en Los Pinos.

Sin duda tuvo una incidencia importante en su formación el hecho de que su padre fuera presidente de 1982 a 1988, pues le permitió conocer de primera mano los entretelones de todo lo que pasaba en el gobierno de esos años, y que no era poco ni bueno; no sólo por la debacle económica, también por las explosiones de San Juanico, los terremotos, el huracán *Gilberto*, el Mundial del 86, las inflaciones de tres dígitos, las devaluaciones imparables, el desempleo, el Fondo Monetario Internacional, el Consenso de Chicago, entre otra larga lista de problemas que enfrentó el México de ese entonces. Fue un presidente muy criticado y poco querido; sin duda, eso debió influir en los hijos de forma importante.

Pero el gris no es tan gris como lo pintan

Por su parte, el paso de Enrique por la administración pública dejó algunos saldos positivos, sobre todo en el sector turístico. En su periodo como secretario de Turismo en el sexenio pasado fue un activo promotor del regreso de la Fórmula 1 y de la llegada del futbol americano de Estados Unidos, la NFL, a tierras aztecas. El 16 de abril de 2018, durante la apertura del Tianguis Turístico, el presidente Peña Nieto resaltó que era «muy seguro que México se ubique ya como el sexto destino turístico más importante del mundo», disputando el lugar a países como Inglaterra, Alemania y Turquía. Por su parte, Enrique de la Madrid Cordero dijo que México ya había escalado importantes posiciones en el ámbito turístico, creciendo 68% de 2013 a 2018 y la siguiente meta sería alcanzar 60 millones de visitantes. «En 2013 era apenas el país 15 en recepción turística; escalamos, crecimos y llegamos a los 39.3 millones de visitantes el año pasado; para dar un referente, las cinco potencias turísticas más importantes del mundo crecieron el 12% en todo este periodo y nosotros lo hicimos en 68%». Considerando la situación de inseguridad general del país se preveía un descenso de la afluencia de turistas, sin embargo hubo un crecimiento que superó el de otras naciones. Por ello se puede afirmar que los grises no son tan grises como uno puede pensar.

Enrique, un *nepo babie* destacado

Enrique Octavio de la Madrid Hurtado nació en la Ciudad de México el 1 de octubre de 1962. Es el segundo hijo de cinco que tuvo el matrimonio entre Paloma Cordero Tapia y Miguel de la Madrid Hurtado. Egresó de la UNAM como licenciado en Derecho, donde se recibió con mención honorífica y obtuvo la medalla Gabino Barreda por haber sido el promedio más alto de su generación. Posteriormente haría una maestría en Administración Pública en la escuela John F. Kennedy de la Universidad de Harvard.

Ambos padres ya fallecieron: el expresidente el 1 de julio de 2012 y Paloma Cordero Tapia el 11 de mayo de 2020. Formaron una familia muy tradicional y católica que siempre mantuvo un bajo perfil social. Los hermanos son: Margarita Guadalupe, la mayor de los cinco, quien se mantiene al margen de los medios y es una ferviente católica y defensora de los preceptos morales. Luego nació Miguel, quien acompañó a su madre hasta su muerte y está entregado a actividades artísticas y de desarrollo personal; se encargó de la traducción y publicación del libro *Mójate los pies en la ciencia de la mente* de Clara Lumen. Luego nació Enrique. El cuarto hijo es Federico, un empresario que mantiene perfil bajo y se hizo responsable de la carta pública que firmó su padre para desistirse de sus ataques a Carlos Salinas de Gortari expresados en un programa de Carmen Aristegui. Finalmente está Gerardo, quien ha presidido la Fundación Aprendiendo a Través del Arte, que apoya a la niñez.

Enrique fue profesor en el ITAM de 1996 a 1998. Entre los cargos públicos que ha ocupado están los de coordinador general técnico de la presidencia de la Comisión Nacional Bancaria y de Valores de 1994 a 1998. En el 2000 y hasta 2003 fue diputado federal plurinominal para la LVIII Legislatura. Compitió por el PRI por la jefatura de la delegación Álvaro Obregón, en la Ciudad de México, pero perdió ante el PRD. De 2006 a 2010 fue designado director general de Financiera Rural por el presidente Felipe Calderón. El 6 de diciembre de 2012 Enrique Peña Nieto lo nombró director general del Banco Nacional de Comercio Exterior, donde permaneció hasta agosto de 2015, cuando fue designado secretario de Turismo en sustitución de Claudia Ruiz Massieu Salinas.

La esposa de Enrique, Isabel Prieto, es descendiente de Adolfo Prieto y hermana del director de Orquesta Carlos Miguel Prieto. Enrique e Isabel, unidos en matrimonio el 21 de julio de 1990, hace 33 años, han procreado cuatro hijos: Luis Javier, Pablo, María e Isabel.

Enrique de la Madrid actualmente se desempeña como director del Centro para el Futuro de las Ciudades, del Tecnológico de Monterrey. En su portal de internet, el Centro para el Futuro, se asume como una instancia capaz de «incidir en políticas públicas y proyectos, vinculando a la sociedad, gobierno, empresarios y universidades», aunque hay quien lo califica como una plataforma de lanzamiento de su candidatura. Recientemente publicó su primer libro titulado *México en la generación del desarrollo*, bajo el sello editorial de Random House. En su texto, De la Madrid analiza los logros y ventajas comparativas que tiene México y afirma que el país puede alcanzar el desarrollo en esta generación.

Ha sido articulista de los diarios *Reforma* y *Milenio*, así como de diversos diarios de la Organización Editorial Mexicana (OEM). En la actualidad es columnista del diario *El Universal*, con una entrega semanal, y participa con comentarios de análisis en diferentes medios de comunicación.

Enrique forma parte destacada de los llamados *nepo babies*, término que utilizó *The New York Magazine* para ubicar a los hijos de alguien que, por su hidalguía, logra obtener ciertos papeles destacados en Hollywood. Traducido a la política mexicana, Enrique se encuentra en la misma lista que Lázaro Cárdenas Batel, Zoé Robledo, Miguel Ángel y Fernando Yunes Márquez, Luis Donaldo Colosio Riojas; todos hijos de alguien cuya carrera catapulta ahora la de sus hijos.[25]

Enfrentado con la 4T

Dentro de las críticas que Enrique de la Madrid hace a la actual administración destacan el rechazo a la cancelación del aeropuerto en Texcoco. «Estoy convencido que con la cancelación del NAIM, el Gobierno Federal cavó su tumba y retrasó el desarrollo del país. Por eso, retomaremos su construcción a partir del 2024 y con ello, la construcción de un mejor México posible» colgó en Twitter el pasado mes de febrero, en vista de que él no considera que el Aeropuerto Felipe Ángeles vaya a producir las utilidades y beneficios que México requiere. «Retomaremos la construcción del NAIM y Santa Lucía será devuelta a los militares». Postura que maneja como carta de presentación ante el pueblo de México, entre otras políticas.

También critica lo que él llama salario psicológico, en vez de salario real, insistiendo en que la política económica de la actual administración debería ser más realista y enfocarse en no decrecer. Según De la Madrid, la actual administración se dedica a cultivar rencores, envidias y coraje contra el pasado reciente, en vez de encauzar políticas que nos ayuden a salir del subdesarrollo. «Este gobierno está jugando al ingreso psicológico y no al real, que ha sido negativo. No nos engañemos, lo que tiene que aumentar es el ingreso monetario», defiende De la Madrid. «Las inversiones nuevas no van a llegar a México si

---

[25] https://www.infobae.com/america/mexico/2023/01/02/quienes-son-los-nepo-babies-de-la-politica-mexicana-que-buscaran-consolidarse-en-las-elecciones-de-2024/.

no se respetan las inversiones existentes. Si esos inversionistas tienen incertidumbre sobre el respeto a las reglas», según destacó en entrevista.[26]

Reprueba la intención de López Obrador de modificar al INE. «Las reformas electorales que propone la presente administración violan la Constitución al ir en contra del juego parejo entre los partidos y debilitan, de manera deliberada, al árbitro de la democracia que es el INE», afirma en un reportaje publicado en *infobae.com* el 13 de diciembre de 2022.

Impurezas en el castillo de la pureza

El 26 de agosto de 2020, desde Torreón, el presidente López Obrador pidió investigar a Enrique de la Madrid por la compra de Fertinal, cuya operación requirió créditos del Banco Nacional de Comercio Exterior (Bancomext), Nacional Financiera (Nafinsa) y bancos privados. Los intentos de los reporteros para conocer los detalles fueron impedidos por la secrecía oficial que se escuda en el valor del secreto bancario para negar toda información sobre la operación, avalúos y dictados. Sin embargo, no fue obstáculo para un señalamiento de López Obrador. «No, no, no, bueno, un hijo del expresidente De la Madrid era el de Nacional Financiera, del Banco de Comercio Exterior, fue director del Bancomext, cuando estos créditos. Entonces sí es un asunto que amerita ser tratado e investigado», afirmó en una mañanera.[27] Para conseguir los 635 millones de dólares, Pemex Fertilizantes suscribió contratos de crédito con Nafinsa, el Bancomext y Banco Azteca.[28]

---

[26] Entrevista en DigitalMex publicada el 6 de diciembre de 2021 en https://www.digitalmex.mx/politica/story/31887/gobierno-amlo-buena-narrativa-muy-malos-resultados-enrique-de-la-madrid-cordero.

[27] 28 de diciembre de 2022.

[28] https://www.noroeste.com.mx/nacional/amlo-pide-investigar-a-enrique-de-la-madrid-y-al-actual-gobernador-de-banxico-por-creditos-para-comprar-fertinal-JYNO1206395.

Por otro lado, el 13 de diciembre pasado, en su conferencia habitual, el presidente criticó duramente a Enrique de la Madrid por haber manipulado al expresidente De la Madrid y aprovecharse de su vejez. En la mañanera, López Obrador recordó que Enrique y su hermano Federico, junto con otros priistas, obligaron a su padre a firmar una carta en la que se desistía de sus aseveraciones expresadas en una entrevista con Carmen Aristegui en el sentido de que se había equivocado al seleccionar como sucesor a Carlos Salinas de Gortari. «Me siento muy decepcionado porque me equivoqué, pero en aquel entonces no tenía yo elementos de juicio sobre la moralidad de los Salinas, me di cuenta después». Entre las cosas que criticó de Salinas, destacó que permitió la corrupción de su familia y de todo el aparato de gobierno; aceptó que sus hermanos obtuvieran contratos de manera indebida con importantes beneficios para la familia De Gortari y amigos de esta, o estuvieran relacionados con narcotraficantes; también indicó que la fortuna de los Salinas de Gortari pudo salir de la partida secreta, pues declaró que Carlos se robó la mitad de dicho monto. Después de hacer pública la carta de desistimiento, el hermano de Enrique, Federico, salió a los medios y asumió toda la responsabilidad sobre la carta que, aceptó, le pidió a su padre.[29]

Un buen guía de turistas, pero muy caro

También se han hecho cuestionamientos a las campañas de promoción de México como destino turístico. Desde la Secretaría de Turismo se invirtieron importantes recursos. Durante su gestión se suscribió un contrato asignado de forma directa con la empresa MSL Group Americas con sede en Nueva York,

---

[29] https://www.quien.com/espectaculos/2011/12/18/los-herederos-de-miguel-de-la-madrid y https://www.jornada.com.mx/2009/05/16/politica/012n2pol.

con la idea de desarrollar material audiovisual y de relaciones públicas para promover la imagen de México en el exterior. El asunto tomó relevancia tras la publicación en la revista *Proceso*, por la escandalosa cifra y opacidad con que se celebró el contrato: la insólita cantidad de 110 millones de dólares en la recta final del sexenio de Enrique Peña Nieto, una operación que está sujeta actualmente a investigación por parte de la Fiscalía General de la República (FGR). De acuerdo con un reportaje, el gasto es inexplicable y se hizo de forma tan cautelosa que ni la embajada de México en los Estados Unidos fue enterada. El documento entró en vigor el 14 de julio de 2017 y terminó el 30 de noviembre de 2018.[30]

Aparte, el 13 de febrero de 2021 el entonces titular de la Unidad de Inteligencia Financiera, Santiago Nieto Castillo, informó que se había detectado un desvío de más de 96 millones de pesos a través del Consejo Mexicano de Promoción Turística, perteneciente a la dependencia que encabezó Enrique de la Madrid, por lo cual se presentó una denuncia y se dio parte a la Fiscalía Especializada en Combate a la Corrupción para las diligencias correspondientes. «La Unidad de Inteligencia Financiera perteneciente a la Secretaría de Hacienda y Crédito Público informa que, respecto al desvío de recursos de más de 96 millones de pesos del Consejo Mexicano de Promoción Turística en la administración anterior, esta Unidad presentó una denuncia desde el 10 de octubre de 2019».[31]

El medio digital contralinea.com documentó que, como titular del Banco Nacional de Comercio Exterior en 2015, De la Madrid Cordero autorizó la entrega de más de 16.8 millones de pesos del erario para tres de las empresas privadas más

---

[30] https://polemon.mx/enrique-de-la-madrid-el-junior-tecnocrata-que-busca-la-presidencia-de-mexico/amp/.

[31] https://www.infobae.com/america/mexico/2021/12/13/quien-es-enrique-de-la-madrid-el-ex-secretario-de-pena-nieto-que-buscara-ser-candidato-a-la-presidencia-en-2024/.

importantes de México dedicadas a la realización de «consultorías» y «comunicación». *Contralínea* destaca que ese recurso lo habría utilizado el entonces funcionario para posicionar su imagen, pues desde entonces ya tenía en mente seguir los pasos de su padre. El medio en cuestión documentó que el dinero se repartió en siete contratos firmados con empresas líderes en sondeos de opinión, encuestas y estrategias de comunicación.

A falta de un pasado, a mirar hacia adelante

Según la encuesta de opinión de Massive Caller, dada a conocer el 26 de diciembre de 2022, Enrique de la Madrid es el priista mejor colocado, con 12.3% de las preferencias, aunque detrás del panista Ricardo Anaya, de Luis Donaldo Colosio Riojas de Movimiento Ciudadano, de Enrique Alfaro, gobernador de Jalisco y de Samuel García, gobernador de Nuevo León.

Sus posiciones y propuestas de país quedaron de manifiesto en una entrevista, conducida por Sabina Berman, entre Enrique de la Madrid y la economista Viridiana Ríos. Algunas ideas resultan peculiares, si no es que pintorescas.

Una de sus propuestas que ha generado reacciones, muchas de ellas críticas, es la de que cada mexicano con posibilidades adopte a otro mexicano en situación de pobreza. «Sí creo que un mexicano, que cada uno de nosotros nos asumamos como responsables de, cuando menos, la vida de un mexicano más», ha dicho.

Para Enrique de la Madrid, el crecimiento no puede ser responsabilidad exclusiva del Estado, y afirma que «si el gobierno fuera la solución a los problemas económicos de México, Chiapas y Oaxaca serían los estados más ricos, pues son los que más dependen del Estado». De acuerdo con De la Madrid, es necesario que el gobierno se concentre en salud, educación, seguridad y en generar el ambiente propicio para estimular las inversiones que tanto se requieren, «no necesitamos a un papá gobierno que produzca bienes y servicios, pues eso inhibe la economía», asegura.

Se pronuncia a favor de incluir la segunda vuelta en las elecciones, la estrategia de alianzas de varios partidos en una sola plataforma e incluso la creación o transformación del PRI en un nuevo instituto político modernizado.

Nombre no es destino

A diferencia de Estados Unidos, México ha carecido de dinastías familiares en la presidencia, aun cuando en las gubernaturas son frecuentes. Enrique de la Madrid intentaría inaugurar la primera. No lo tiene fácil. No sólo porque el PRI no vive sus mejores días, sino porque se da por sentado que, en efecto, cualquier esperanza de mantener con vida al otrora todopoderoso partido pasa por algo más que un lavado de cara, es decir, requiere una refundación. Y, sin embargo, a Enrique ni el nombre ni sus planteamientos le permiten presentarse de manera convincente como el portador de una opción para un PRI diferente. El apellido remonta al viejo PRI y sus propuestas neoliberales al de los tecnócratas que más recientemente perdieron el poder.

XÓCHITL GÁLVEZ. EL DESPARPAJO CON CAUSA

Xóchitl Gálvez Ruiz es panista, pero se parece muy poco a los panistas; es de origen indígena pero nadie podría adivinarlo por el contraste con la imagen que se tiene de los pueblos originales; se presenta como una científica seria pero es capaz de meterse en una botarga de dinosaurio y convertir en circo el recinto de la Cámara. Es mal hablada, le va furibundamente al Cruz Azul y busca ser mencionada en las listas de aspirantes a la presidencia como guiño para quedarse con la candidatura a gobernar la Ciudad de México.

Su controvertida carrera pública arrancó en 1995, a los 32 años, cuando creó la Fundación Porvenir, institución enfocada a apoyar a niños con problemas de desnutrición en zonas indígenas del país. Para entonces era una flamante ingeniera en computación que creía necesario dar oportunidades a muchos que no habían tenido su suerte. Pretendía inspirar a los jóvenes de las zonas indígenas para que todos hicieran trabajo comunitario y «tratar de transmitir mi experiencia, abrirles los ojos a los chavos para que vieran un posible futuro mejor». Cada mes se iban entre una semana y 15 días a las zonas más apartadas e impartían unos talleres buscando despertar en los chicos el interés por esforzarse para salir de la pobreza. «Fueron muchos años, mucho esfuerzo y, la verdad, muchos buenos resultados», explica Xóchitl.[32]

---

[32] http://xochitlgalvez.blogspot.com/p/trayectoria-xochitl-galvez-ruiz.html?m=1.

«En eso andaba cuando me descubrió Vicente Fox». En la primera llamada que recibió respondió que no le interesaba un cargo público porque «los políticos eran unos rateros y menti-rosos». Insistieron y siguió negándose, hasta que el mismo can-didato electo, Fox, le llamó a su teléfono y le pidió que al menos le aceptara una taza de café. «Se puede decir que ahí empecé a considerar al servicio público como una herramienta muy va-liosa para ayudar a los pobres y a los indígenas que son los más pobres de todos los pobres». El presidente electo la convenció de participar en su proyecto, en un principio como asesora ex-terna y en el 2000 ya era la titular de la Comisión de Desarrollo de los Pueblos Indígenas.

En 2003 fue nombrada directora general de la Comisión Nacional para el Desarrollo de los Pueblos Indígenas. Desde esa oficina, afirma ella, fueron promovidos muchos proyectos para que los indígenas pudieran producir y comercializar productos hechos en sus propias casas, generando cadenas productivas apoyadas principalmente por el trabajo de las mujeres, entre otros programas culturales, de apoyos educativos y conciencia sobre derechos. Después de eso, alguien juzgó que estaba lista para convertirse en profesional de la política.[33]

De las gelatinas a Davos

Bertha Xóchitl Gálvez Ruiz nació el 22 de febrero de 1963 en Tepatepec, un pueblito localizado en el Valle del Mezquital, Hidalgo, aproximadamente a 60 km de Pachuca, la capital del estado. Su padre, de ascendencia otomí, y su madre, mestiza, for-maban una familia de escasos recursos. El entorno donde Xóchitl vivió sus primeros años era de pobreza extrema, caracterizado

---

[33] https://www.milenio.com/politica/xochitl-galvez-quien-es-la-senadora-y-su-biografia.

por la discriminación, la violencia familiar y hasta el acoso sexual. Un entorno donde el destino de las mujeres parecía limitarse a ser un objeto que sirve para juntar la leña, lavar la ropa, acarrear el agua e ir a la escuela apenas lo suficiente para aprender a leer.

No obstante, a Xóchitl Gálvez le encantaba la escuela, era alumna de 10 y tenía aspiraciones. A los nueve años salió de su pueblo natal por primera vez, para visitar la Ciudad de México.

> Nos hospedamos en un hotel junto al cine Real Cinema. Fue la primera vez que vi una alfombra, un elevador al que no me quería subir, una taza de baño que no sabía cómo usar y una regadera de donde salía agua caliente. Creo que eso me hizo soñar. Regresé a Tepatepec para hacer la secundaria, pero cuál secundaria ni qué la chingada, «Ahí está el metate», me gritó mi padre. Pero yo fui más terca.[34]

La madre fue su cómplice.

> Había que comprar libros, cuadernos y lápices, la flauta me la prestaba una amiga de otro salón, pero había que lavarla luego. Mi madre me dijo: «O el uniforme del diario o el de deportes», y decidimos por el del diario, finalmente, otra amiga me prestaba sus tenis. Vendía gelatinas que yo hacía para poder pagar el pasaje y las estampitas de la tarea; tenían que ser mínimo 30 gelatinas porque si no, pues no salía. Pero yo hacía 50 gelatinas y algunas veces las vendía todas.

En aquel entonces la única secundaria estaba a dos pueblos de distancia, era imposible pensar que sus padres pudieran solventar los gastos por mucho tiempo. «Estaba horas en el mercado vendiendo gelatinas y haciendo tareas, hasta que un tío me dijo: "Trae acá, yo vendo las gelatinas y tú vete a la escuela, yo

---

[34] *Idem.*

pienso que tienes posibilidades". Así fue como pude hacer la secundaria».

Pélate de aquí

Ganó un concurso nacional de matemáticas y había que acudir a Ciudad Universitaria a la ceremonia.

> Fui a recibirlo y fue cuando dije: «Yo no quiero ser maestra, quiero ser universitaria». Al verme parada frente al edificio de Humanidades se me caía la baba; entrar a las bibliotecas donde había miles de libros, nunca había visto tantos, era como ver el mar por primera vez. Yo sí me visualicé caminando por esos pasillos y sus hermosos jardines cargando mis libros, entrando y saliendo de las bibliotecas. Me quedé impactada [...]. Pero había que hacer la preparatoria primero.[35]

La preparatoria de gobierno más cercana estaba en Pachuca, capital del estado, lo cual implicaba incurrir en gastos que la familia no podía enfrentar. Para paliar la situación consiguió un trabajo como escribiente en el Registro Civil, en el que todo se hacía a mano. Al observar el desorden de los archivos y documentos, empezó a trabajar sábados y domingos, sin sueldo, para arreglar las actas y poner en orden los libros. «La verdad quería progresar y me puse bien pila». Acabó la preparatoria con honores y en su trabajo terminó en el puesto de Oficial Primero del Registro Civil, es decir, la jefa.

Regresó a su pueblo y le pedían que se casara y sentara cabeza. Ya le tenían al novio; pero ese día, en una fiesta de charrería típica de esos pueblos, al ver a todos los hombres borrachos y a todas las mujeres echas bola esperando a sus maridos, decidió

---

[35] *Idem.*

que esa vida no era para ella. «Pélate de aquí», recuerda haberse dicho.

Los primeros días en la capital del país los pasó durmiendo en la central camionera, después rentaría un cuarto de azotea en Iztapalapa, muy lejos de Ciudad Universitaria, pero no había para más. Decidió estudiar ingeniería en computación, aunque nunca había visto una computadora. «Estudié computación porque quería impresionar a un chavo guapísimo que había estudiado eso», recuerda Xóchitl.

> Las pasé negras pues yo era de 10 en mi pueblo, pero de 4 acá. La vida en la ciudad era terrible, sobre todo cuando enfrentaba abusos de los hombres dentro de los camiones, en las paradas de autobuses, por todos lados. Quise volver a mi pueblo varias veces, pero luego meditaba que allá iba a ser lo mismo, pero sin la universidad, por eso me quedé. Me tuve que aplicar a fondo ya que mis bases académicas eran bajísimas. Quería sacar a mi mamá de la pobreza y de ese esposo alcohólico que la golpeaba.[36]

Finalmente se tituló por la UNAM como ingeniera en Computación, se volvió una experta en inteligencia artificial, robótica y soluciones de alta tecnología.

Una CEO mal hablada

Xóchitl resultó una profesional sólida y «entrona», con buen olfato para los negocios, además. En poco tiempo se había hecho de una buena reputación y una situación económica más que holgada. Desarrolló proyectos de edificios inteligentes y se convirtió en una de las especialistas en tecnología de la información

---

[36] *Idem.*

más conocidas de México. Fundó la empresa High Tech Services y entre los edificios para los que ha desarrollado sistemas informáticos se encuentran el World Trade Center México, la Torre Siglum y la Torre Quadrata.

Sus habilidades profesionales se beneficiaron de un evidente talento para las relaciones públicas. En poco tiempo cosechó diplomas y reconocimientos: Premio Empresaria del Año en 1994; Premio Zazil a la empresaria del año en 1995; Premio Sé Líder, otorgado por el Grupo Sé Líder de Monterrey en 1999; reconocimiento de la revista *Business Week* en el 2000 por integrar el grupo de los 25 latinoamericanos cuyo liderazgo hará cambios importantes en el continente. También fue incluida en la lista de los 100 Líderes Globales del Futuro del Mundo, elaborada por el Foro Económico Mundial de Davos, Suiza; fue la primera mujer mexicana en ingresar a esa lista. Ha sido vicepresidenta del área académica del Instituto Mexicano de Edificios Inteligentes; Consejera Numeraria del Consejo Nacional del Agua, Consejera del Centro Mexicano para la Filantropía (Cemefi), miembro del grupo de trabajo sobre responsabilidad social empresarial y miembro de la Fundación Hecho en Casa, institución que busca promover los valores dentro de la familia.

Una infiltrada entre foxistas

Todas esas credenciales, el *charm* de ser de origen otomí, y una labor filantrópica y social reconocida, la convertían en un diamante en bruto para la política. Incorporada al gabinete de Vicente Fox, pronto comenzó a destacar por su escaso apego a las formas políticas tradicionales, por su hablar desparpajado y claridoso, y sus trajes típicos de México. Aunque también por la implementación de programas destinados a apoyar a las mujeres indígenas mediante la generación de cadenas de producción y su habilidad para negociar con otras dependencias el cruce horizontal de programas de desarrollo social para los pueblos originarios.

En las reuniones con el presidente constantemente entraba en conflicto con la parte del gabinete que ignoraba a los indígenas, incluso con el mismo Fox. Entre sus diferencias se encuentran el apoyo a la marcha del Ejército Zapatista de Liberación Nacional (EZLN) a la Ciudad de México, y, más adelante, su rechazo a la Ley Indígena aprobada por el Congreso de la Unión.[37]

El proyecto de la Comisión para el Desarrollo de los Pueblos Indígenas iba viento en popa hasta que, en 2006, un importante recorte de presupuesto en el primer año de Calderón la llevó a renunciar. Se retiró por un tiempo de la política y regresó a sus actividades profesionales como ingeniera, hasta que en 2010 se le presentó la oportunidad de contender por el PAN, el PRD y Convergencia para la gubernatura de Hidalgo, la cual no obtuvo, aunque quedó en un cercano segundo lugar. Era la primera vez que salía de los temas específicos del activismo social centrado en las mujeres y la causa indígena, para entrar en la política con todas sus letras. Al parecer le agarró el gusto.

Cinco años más tarde fue candidata del PAN en las elecciones locales y ganó la jefatura delegacional de Miguel Hidalgo, Ciudad de México, para el periodo de 2015 a 2018. Ella afirma que quizá no necesariamente sea recordada su gestión por el código 11000 donde vive la élite del país, pero sí por las zonas marginadas de esa demarcación, que recibieron una atención que, asegura, nunca habían tenido. Quizá, pero lo que sí se recuerda de ella en este periodo es la difusión que hizo en sus redes sociales de un video del cumpleaños de Diego Fernández de Cevallos en Querétaro. En él aparecen Carlos Slim, Carlos Salinas de Gortari, Felipe Calderón, José Narro, Ciro Gómez Leyva y Olegario Vázquez Aldir, entre otros; algo que le generó numerosas críticas. En 2018 fue denunciada por el delito de da-

---

[37] https://xochitlgalvez.wordpress.com/about/.

ños a propiedad ajena, a raíz de la demolición de un piso en un edificio fuera de norma en la calle Horacio, mientras era jefa delegacional de Miguel Hidalgo, delito por el cual compareció ante la entonces Procuraduría General de Justicia de la Ciudad de México, sin mayor consecuencia.[38]

Poco antes de terminar su gestión como delegada, el PAN la inscribió como candidata al Senado, y en paralelo lo mismo hizo el PRD. Obtuvo por mayoría relativa un escaño para el periodo 2018-2024. Nominalmente pertenece a la bancada del PAN. En sus tareas como senadora, Xóchitl Gálvez se ha caracterizado por un desempeño contrastante: responsable y atinado en lo tocante a temas vinculados a los pueblos originarios o la causa de las mujeres; pero también gusta de mostrar una faceta histriónica y populachera con fines mediáticos. La frase provocadora, las palabras altisonantes que atraerán a la prensa, el espectáculo para la gradería. El último fue su disfraz de dinosaurio para protestar en la cámara en contra de la reforma electoral promovida por el gobierno de Andrés Manuel López Obrador.

Popularidad que ayuda y estorba

Las posibilidades de Xóchitl Gálvez para quedarse con alguna de las dos grandes nominaciones no son las mejores. El PAN la tiene como un candidato potencialmente útil por su carisma popular, pero nunca la ha considerado como una de las suyas. Demasiada independencia, excesivo desparpajo. Con todo, es una de las figuras de la oposición más conocidas por el gran público, y hoy en día, cuando el PAN y el PRI están huérfanos de votantes, no es poca cosa. Son sus cartas, habrá que ver cómo las juega.

---

[38] https://datanoticias.com/2022/06/23/xochitl-galvez-ruiz-pan-biografia/.